HANS CHRISTIAN ANDERSEN

Die Schneekönigin
und andere Wintermärchen

Hans Christian Andersens Märchen und Geschichten gehören wohl zu den berühmtesten ihrer Gattung: Wer kennt nicht die Abenteuer, die ein Geschwisterpaar im Land der *Schneekönigin* bestehen muss? Aber auch der *Schneemann*, der staunend in die Welt hinausschaut und sich nach einem Kachelofen sehnt, oder der *Tannenbaum*, der die Geheimnisse der Weihnachtsnacht erkunden möchte, geben ein beredtes Zeugnis von Andersens einzigartiger Phantasie und menschlicher Wärme. Diese Auswahl versammelt acht seiner schönsten Texte rund um die kalte Jahreszeit, heimelige Wintertage und den Zauber der Weihnacht.

HANS CHRISTIAN ANDERSEN

Die Schneekönigin und andere Wintermärchen

Übersetzt, herausgegeben und mit einem Nachwort
von Heinrich Detering

RECLAM

Der Schneemann

»Ah wie das in mir knackt, so wunderbar kalt ist es!« sagte der Schneemann. »Der Wind beißt einem so richtig Leben ein! Und die Glotzerin da, ah wie die glotzt!« es war die Sonne, die er meinte; sie ging gerade unter. »Die kriegt mich nicht zum Blinzeln, ich kann meine Brocken noch bei mir behalten!«

Es waren zwei große, dreieckige Dachziegelbrocken, die er als Augen hatte; der Mund war ein Stück von einer alten Harke, darum hatte er Zähne.

Er war unter den Hurrarufen der Jungen zur Welt gekommen und begrüßt worden vom Schellenklang und Peitschenknall von den Schlitten.

Die Sonne ging unter, der Vollmond ging auf, rund und groß, klar und schön in der blauen Luft.

»Da haben wir sie ja schon wieder, von der anderen Seite her!« sagte der Schneemann. Er meinte, es wäre die Sonne, die sich wieder zeigte. »Das mit dem Glotzen hab ich ihr abgewöhnt! jetzt kann sie da hängen und Licht machen, damit ich mich selber sehen kann. Wenn ich nur wüsste, wie man es anstellt, sich von der Stelle zu bewegen! ich würde mich so gern von der Stelle bewegen!

wenn ich das könnte, würde ich jetzt unten auf dem Eis Schlittschuh laufen, wie es die Jungen gemacht haben; aber ich weiß nicht, wie man läuft!«

»Weg! weg!« kläffte der alte Kettenhund; er war etwas heiser, das war er schon, seit er ein Haushund gewesen war und unterm Kachelofen gelegen hatte. »Die Sonne wird dir das Laufen schon beibringen! ich hab's bei deinem Vorgänger gesehen, im letzten Jahr, und bei seinem Vorgänger auch; weg! weg! und weg sind sie alle!«

»Ich versteh dich nicht, Kamerad!« sagte der Schneemann; »soll etwa *der* da oben mir das Laufen beibringen?« Er meinte den Mond; »ja die von vorhin ist allerdings gelaufen, als ich sie starr angeguckt habe, jetzt schleicht sie sich von hinten wieder heran!«

»Du hast keine Ahnung!« sagte der Kettenhund, »aber dich haben sie ja auch gerade erst zusammengekleistert! Was du da jetzt siehst, nennt man Mond, und was weggegangen ist, war die Sonne, morgen früh kommt sie wieder und bringt dir schon noch das Laufen bei, geradewegs in den Wallgraben. Wir kriegen anderes Wetter, das fühle ich in meinem linken Hinterbein, das zieht so. Wir kriegen anderes Wetter!«

»Ich versteh ihn nicht!« sagte der Schneemann, »aber es kommt mir vor, als wäre es was Unangenehmes, was er sagt. Und diese, die da so geglotzt hat und untergegangen ist, die er Sonne nennt, die ist auch nicht meine Freundin, das hab ich im Gefühl!«

»Weg! weg!« kläffte der Kettenhund, drehte sich dreimal um sich selber und legte sich dann in seinem Haus schlafen.

Es kam wirklich anderes Wetter. Ein Nebel, ganz dick und klamm, legte sich am frühen Morgen über die ganze Gegend; im Morgengrauen frischte es auf; der Wind war so eisig, der Frost packte richtig zu, aber was war es für ein Anblick, als die Sonne aufging! Alle Bäume und Sträucher waren von Rauhreif überzogen; es war ein ganzer Wald aus weißen Korallen, es war als wären alle Zweige mit leuchtend weißen Blüten bestreut. Die unendlich vielen und feinen Verästelungen, die man im Sommer vor lauter Blättern nicht sieht, kamen nun alle, alle zum Vorschein; es war wie geklöppelte Spitzen und ganz schimmernd weiß, als strömte ein weißer Glanz aus jedem Zweig. Die Hängebirke bewegte sich im Wind, es war Leben in ihr wie in den Bäumen des Sommers; es war eine unvergleichliche Schönheit! und als die Sonne dann schien, nein wie funkelte das Ganze, als wäre es mit Diamantenstaub bepudert und als glitzerten die großen Diamanten hin über die Schneedecke der ganzen Erde, man hätte auch glauben können, dass unzählige winzige Lichtlein angezündet wären, weißer noch als der weiße Schnee.

»Das *ist* eine unvergleichliche Schönheit!« sagte ein junges Mädchen, das mit einem jungen Mann in den Garten hinaustrat und gerade beim Schneemann stehenblieb, von wo aus sie zu den glitzernden Bäumen hinaufsahen. »Etwas Schöneres bekommt man im Sommer nicht zu sehen!« sagte sie, und ihre Augen strahlten.

»Und so einen Kerl wie den hier gibt's dann schon gar nicht!« sagte der junge Mann und zeigte auf den Schneemann. »Der ist großartig!«

Das junge Mädchen lachte, nickte dem Schneemann zu und tanzte dann mit ihrem Freund über den Schnee, das knirschte unter ihnen, als liefen sie über gestärkte Laken.

»Wer waren denn die beiden?« fragte der Schneemann den Kettenhund; »du bist länger auf dem Hof als ich, kennst du die?«

»Das tu ich!« sagte der Kettenhund. »Sie hat mich ja gestreichelt, und er hat mir einen Knochen mit Fleisch dran gegeben; die beiß' ich nicht!«

»Aber was sind das hier für Leute?« fragte der Schneemann.

»Verrr–liebte!« sagte der Kettenhund. »Die ziehen in ihre Hundehütte und nagen die Knochen zusammen ab. Weg! weg!«

»Sind die zwei genauso bedeutend wie du und ich?« fragte der Schneemann.

»Die gehören ja zur Herrschaft!« sagte der Kettenhund; »aber man weiß ja so wenig, wenn man erst gestern zur Welt gekommen ist! das merk' ich dir schon an! Ich habe das Alter und die Erfahrung, ich kenne alle hier auf dem Hof! und ich habe eine Zeit gekannt, da stand ich noch nicht hier draußen in der Kälte in Ketten; weg! weg!«

»Kälte ist herrlich!« sagte der Schneemann. »Erzähl, erzähl! aber du darfst nicht so mit den Ketten rasseln, dann knackt es in mir!«

»Weg! weg!« kläffte der Kettenhund. »Welpe war ich; klein und süß, sagten alle, da lag ich in einem Samtsessel da drin im Herrenhaus, lag bei der obersten Herrschaft im Schoß; kriegte Küsse aufs Maul und die Pfoten gewischt, mit einem gestickten Taschentuch; ich hieß ›der Schönste‹ und ›Butzi-tatzi‹, aber dann wurde ich ihnen zu groß! da gaben sie mich der Haushälterin; ich kam in den Keller! Du kannst hineinsehen von da aus, wo du stehst; du kannst in die Kammer gucken, in der ich die Herrschaft war; das war ich nämlich bei der Haushälterin. Das war wohl ein schlechterer Platz als ein Stockwerk höher, aber dafür gemütlicher; ich wurde nicht ständig von Kindern gedrückt und herumgetragen wie oben. Ich hatte genauso gutes Futter wie vorher, nur viel mehr! ich hatte mein eigenes Kissen, und dann war da ein Kachelofen, das war zu der Zeit der schönste auf der ganzen Welt! ich kroch so tief darunter, dass ich ganz verschwunden war. Oh, von dem Kachelofen träum' ich immer noch; weg! weg!«

»Sieht ein Kachelofen so schön aus?« fragte der Schneemann. »So wie ich?«

»Der ist genau das Gegenteil von dir! pechschwarz ist der! er hat einen langen Hals mit einer Messingtrommel. Der frisst Brennholz, bis ihm das Feuer aus dem Mund schlägt. Man muss sich etwas seitlich davon halten, dicht dran und unten drunter, das ist eine unendliche Gemütlichkeit! Du müsstest ihn eigentlich durchs Fenster sehen können, von da wo du stehst!«

Und der Schneemann sah, und wirklich sah er einen blankpolierten Gegenstand mit Messingtrommel; das Feuer leuchtete unten heraus. Dem Schneemann wurde es ganz wunderlich zumute; er hatte ein Gefühl, das er sich selber nicht erklären konnte; es überkam ihn etwas, das er nicht kannte, das aber alle Menschen kennen, sofern sie keine Schneemänner sind.

»Und warum hast du sie verlassen?« fragte der Schneemann. Er hatte das Gefühl, es müsste ein weibliches Wesen sein. »Wie konntest du bloß so einen Platz verlassen?«

»Dazu war ich sozusagen gezwungen!« sagte der Kettenhund, »sie haben mich rausgeworfen und mich hier angekettet. Ich hatte den jüngsten Junker in die Haxe gebissen, weil er mir die Haxe weggestoßen hatte, an der ich gerade kaute; und Haxe um Haxe, denke ich! aber das haben sie übel aufgenommen, und seit der Zeit steh ich hier in Ketten, und meine klare Stimme hab ich auch verloren, hör nur, wie heiser ich bin: weg! weg! das war das Ende vom Lied!«

Der Schneemann hörte nicht mehr zu; er schaute fortwährend in den Keller der Haushälterin, hinunter in ihre gute Stube, wo der Kachelofen auf seinen vier Eisenbeinen stand und genauso groß zu sein schien wie der Schneemann selber.

»Das knackt so sonderbar in mir!« sagte er. »Werde ich denn nie da hineinkommen? das ist ein unschuldiger Wunsch, und unsere unschuldigen Wünsche müssen doch bestimmt in Erfüllung gehen. Das ist mein größter Wunsch, mein einziger Wunsch, und es wäre beinahe ungerecht, wenn der nicht in Erfüllung ginge. Ich muss da hinein, ich muss mich zu ihr hinunterbeugen, und wenn ich dabei das Fenster eindrücke!«

»Da kommst du niemals rein!« sagte der Kettenhund, »und kommst du zum Kachelofen, dann bist du weg! weg!«

»Ich bin ja schon so gut wie weg!« sagte der Schneemann, »ich glaub', ich breche durch!«

Den ganzen Tag stand der Schneemann da und schaute zum Fenster hinein; in der Dunkelheit wurde die Stube noch einladender; vom Kachelofen leuchtete es so milde herüber, wie der Mond nicht leuchtet und die Sonne schon gar nicht, nein, wie nur ein Kachelofen leuchten kann, wenn etwas in ihm steckt. Wenn sie die Türe auf- und zumachten, schlug die Lohe heraus, das war so eine Angewohnheit; dann glühte es im weißen Gesicht des Schneemanns richtig rot auf, es leuchtete rot bis hinunter zur Brust.

»Ich halt' das nicht aus!« sagte er. »O wie gut ihr das steht, wenn sie die Zunge herausstreckt!«

Die Nacht war sehr lang, aber nicht für den Schneemann, er stand in seine eigenen schönen Gedanken versunken, und die froren, dass es knackte.

Am frühen Morgen waren die Kellerfenster zugefroren, sie trugen die schönsten Eisblumen, die man als Schneemann nur verlangen konnte, aber sie verbargen den Kachelofen. Das Fensterglas wollte nicht abtauen, er konnte sie nicht sehen. Das knackte, das knirschte, das war ein Frostwetter ganz nach dem Geschmack eines Schneemanns, aber es machte ihm keinen Spaß; er könnte und sollte sich so glücklich fühlen, aber er war nicht glücklich, ihn hatte die Kachelofensehnsucht gepackt.

»Das ist eine schlimme Krankheit für einen Schneemann!« sagte der Kettenhund; »mich hat's auch ein bisschen erwischt, aber ich hab's überstanden! weg! weg! – Und jetzt kriegen wir anderes Wetter!«

Und es kam anderes Wetter, es schlug in Tauwetter um.

Das Tauwetter nahm zu, der Schneemann nahm ab. Er sagte kein Wort, er klagte nicht, und das ist das richtige Zeichen.

Eines Morgens fiel er um. Da ragte etwas wie ein Besenstiel in die Luft, wo er gestanden hatte, daran hatten die Jungen ihn aufgebaut.

»Jetzt versteh' ich das mit seiner Sehnsucht!« sagte der Kettenhund, »der Schneemann hatte einen Ofenschaber im Leib! das war es, was sich in ihm gerührt hat, jetzt ist das überstanden; weg! weg!«

Und bald war auch der Winter überstanden.

»Weg! weg!« kläffte der Kettenhund; aber die kleinen Mädchen auf dem Hof sangen:

»Waldmeister komm! und dufte schön,
Du Weide lass die Kätzchen sehn,

Komm Lerche, sing, denn dieses Jahr
Ist Frühling schon im Februar!
Ich singe mit, kuckuck! piep-piep!
Komm schein auf uns, du Sonne lieb!«

Da denkt keiner an den Schneemann!

Der Tannenbaum

Draußen im Walde stand so ein niedlicher Tannenbaum;
der hatte einen guten Platz, Sonne bekam er, Luft gab's genug, und ringsum wuchsen viele größere Kameraden,
Tannen und Fichten; aber der kleine Tannenbaum war
ganz versessen aufs Wachsen; der dachte nicht an die warme Sonne und die frische Luft, er machte sich auch nichts
aus den Bauerskindern, die vorbeigingen und plapperten,
wenn sie unterwegs waren, um Erdbeeren und Himbee-
ren zu suchen; oft kamen sie mit einem ganzen Krug voll,
oder sie hatten Erdbeeren auf Strohhalme gezogen, dann
setzten sie sich zu dem kleinen Baum und sagten: »nein!
wie ist der niedlich klein!« Das wollte der Baum absolut
nicht hören.

Im Jahr darauf war er einen ganzen Schössling größer;
und wieder ein Jahr darauf war er um noch einen länger;
denn bei einem Tannenbaum kann man immer an der
Zahl seiner Glieder sehen, wie viele Jahre er gewachsen ist.

»O wär ich doch so ein großer Baum wie die andern!«
seufzte der kleine Baum, »dann könnte ich meine Zweige so
nach allen Seiten ausbreiten und mit dem Wipfel in die
weite Welt hinausschauen! Dann würden die Vögel ein

Nest in meinen Zweigen bauen, und wenn der Wind weht, könnte ich genauso vornehm nicken wie die andern da!«

Er hatte nicht die geringste Freude am Sonnenschein, an den Vögeln oder an den roten Wolken, die morgens und abends über ihn dahinsegelten.

War es nun Winter, und ringsum lag glitzernd weiß der Schnee, dann kam oft ein Hase angesprungen und hüpfte geradewegs über den kleinen Baum hinüber, – oh, das war so ärgerlich! – Aber zwei Winter vergingen, und im dritten war der Baum so groß, dass der Hase um ihn herumlaufen musste. O wachsen, wachsen, groß und alt werden, das ist doch das einzig Schöne in dieser Welt, dachte der Baum.

Im Herbst kamen immer die Holzfäller und fällten ein paar von den größten Bäumen, das passierte jedes Jahr, und der junge Tannenbaum, der nun schon ganz gut herangewachsen war, zitterte dabei, denn die großen, prächtigen Bäume stürzten mit Knacken und Krachen zur Erde; die Äste wurden abgehauen, ganz nackt, lang und dünn sahen sie aus; sie waren kaum wiederzuerkennen, aber dann wurden sie auf Karren gelegt, und Pferde zogen sie aus dem Walde fort.

Wo kamen die hin? Was stand ihnen bevor?

Im Frühling, als Schwalbe und Storch kamen, fragte der Baum sie: »Wisst ihr nicht, wo die hingebracht worden sind? Habt ihr sie nicht getroffen?«

Die Schwalben hatten keine Ahnung, aber der Storch sah bedenklich drein, nickte und sagte: »Tja, ich glaube schon! als ich nach Ägypten flog, bin ich vielen neuen Schiffen begegnet; auf den Schiffen standen prächtige Mastbäume, ich nehme an, das waren sie, sie rochen nach Tanne; ich kann ihnen ja viele Grüße ausrichten, die ragen hoch hinauf, hoch hinauf.«

»O wär ich doch auch groß genug, um übers Meer dahinzufliegen! Wie ist das überhaupt so, dieses Meer, und womit kann man es vergleichen?«

»Ja das ist so weitläufig zu erklären«, sagte der Storch, und dann ging er.

»Freu dich an deiner Jugend!« sagten die Sonnenstrahlen; »freu dich an deinem frischen Wachstum, an dem jungen Leben, das in dir ist!«

Und der Wind küsste den Baum, und der Tau vergoss Tränen über ihn, aber das verstand der Tannenbaum nicht.

Wenn es auf Weihnachten zuging, dann wurden ganz junge Bäume gefällt, Bäume, die nicht einmal so groß und im selben Alter waren wie der Tannenbaum, der keine Rast und Ruh hatte, sondern immer nur wegwollte; diese jungen Bäume, und das waren ausgerechnet die allerhübschesten, behielten immer ihre Zweige, sie wurden auf Karren gelegt, und Pferde zogen sie aus dem Wald.

»Wo kommen die hin?« fragte der Tannenbaum. »Die sind nicht größer als ich, es war sogar einer dabei, der war viel kleiner; warum behalten sie alle ihre Zweige? Wo fahren die hin?«

»Wir wissen's! wir wissen's!« zwitscherten die Spatzen. »Wir haben unten in der Stadt durch die Scheiben geguckt! wir wissen, wo die hinfahren! Oh, die kommen in den größten Glanz und alle Herrlichkeit, die man sich denken kann! Wir haben zu den Fenstern hineingeschaut und gesehen, dass sie mitten in die warme Stube gepflanzt und mit den schönsten Sachen geschmückt werden, vergoldeten Äpfeln, Honigkuchen, Spielzeug und vielen hundert Kerzen!«

»Und dann –?« fragte der Tannenbaum und zitterte in allen Zweigen. »Und dann? Was passiert dann?«

»Ja, mehr haben wir nicht gesehen! Aber das war unvergleichlich!«

»Ob ich geboren wurde, um diesen glanzvollen Weg zu gehen?« jubelte der Baum. »Das ist doch besser, als übers Meer zu fahren! Wie ich leide vor Sehnsucht! Wenn es doch nur schon Weihnachten wäre! nun bin ich groß und ausgestreckt, wie die andern, die im letzten Jahr weggebracht wurden! – O wär ich nur schon auf dem Karren! wär ich doch drinnen in der warmen Stube mit all der Pracht und Herrlichkeit! und danach –? Ja, da kommt noch etwas Besseres, noch Schöneres, warum sollen die mich sonst so schmücken! da muss noch etwas Größeres kommen, noch herrlicher –! aber was? Oh, ich leide! ich hab solche Sehnsucht! ich weiß selber nicht, was mit mir los ist!«

»Freu dich doch an mir!« sagten die Luft und das Sonnenlicht; »freu dich an deiner frischen Jugend draußen im Freien!«

Aber er freute sich kein bisschen; er wuchs und wuchs, winters und sommers war er grün; dunkelgrün stand er da; Leute, die ihn sahen, sagten: »das ist ein schöner Baum!« und zur Weihnachtszeit wurde er als erster von allen gefällt. Die Axt schlug ihm tief ins Mark, mit einem Seufzer fiel der Baum zur Erde, er empfand einen Schmerz, eine Ohnmacht, er konnte nicht im geringsten an irgend-ein Glück denken, er war traurig, dass er nun von zu Hause getrennt werden sollte, von dem Fleck, wo er entsprossen war; er wusste ja, dass er die lieben alten Kameraden nie wiedersehen würde, die kleinen Büsche und Blumen ringsum, ja vielleicht nicht einmal die Vögel. Die Abreise war durchaus keine angenehme Sache.

Der Baum kam erst wieder zu sich, als er im Hof, abge-laden mit den anderen Bäumen, einen Mann sagen hörte: »Der da ist prächtig! den brauchen wir und keinen an-dern!«

Nun kamen zwei Diener in vollem Ornat und trugen den Tannenbaum in einen großen, schönen Saal. Rings-um an den Wänden hingen Porträts, und an dem großen Fliesenkachelofen standen große chinesische Vasen mit Löwen auf dem Deckel; da standen Schaukelstühle, Sei-densofas, große Tische voller Bilderbücher und mit Spiel-zeug für hundertmal hundert Reichstaler – das sagten je-denfalls die Kinder. Und der Tannenbaum wurde in einem großen, mit Sand gefüllten Kübel aufgestellt, aber nie-mand konnte sehen, dass es ein Kübel war, denn es wurde grüner Stoff herumdrapiert, und er stand auf einem gro-ßen bunten Teppich. O wie der Baum zitterte! Was würde nun bloß passieren? Diener und Fräulein kamen und schmückten ihn. An jeden Zweig hängten sie kleine Netze, die aus farbigem Papier ausgeschnitten waren; jedes Netz war mit Süßigkeiten gefüllt; vergoldete Äpfel und Walnüsse hingen da, als wären sie angewachsen, und über hundert rote, blaue und weiße Lichtchen wurden auf den Zweigen festgesteckt. Puppen, die so lebendig aussahen wie Menschen – der Baum hatte nie zuvor so etwas gesehen –, schwebten im Grün, und ganz hoch oben in den Wipfel wurde ein großer Stern aus Flittergold gesetzt; das war prächtig, ganz unvergleichlich prächtig.

»Heute Abend«, sagten alle, »heute Abend soll er glänzen!«

»Oh!« dachte der Baum, »wär es doch nur schon Abend! wären nur die Lichter bald angezündet! und was dann wohl passiert? Ob wohl Bäume aus dem Wald kommen, um mich anzusehen? Ob die Spatzen ans Fenster fliegen? Ob ich hier wohl festwachse und winters und sommers geschmückt bleibe?«

O ja, er wusste genau Bescheid; aber er hatte richtig Borkenschmerzen vor lauter Sehnsucht, und Borkenschmerzen sind für einen Baum genauso schlimm wie Kopfschmerzen für uns.

Nun wurden die Lichter angezündet. Welch ein Glanz, welche Pracht! der Baum zitterte dabei an allen Zweigen, so dass eins der Lichter das Grün in Brand setzte; das verkohlte ordentlich.

»Gott bewahre uns!« schrien die Fräulein und löschten eilig.

Jetzt traute sich der Baum nicht einmal mehr zu zittern. Oh, das war ein Grauen! Ihm war so bange, dass er etwas von seiner Ausstaffierung verlieren könnte; er war ganz konfus in all dem Glanz, und nun gingen beide Flügeltüren auf, und eine Menge Kinder stürzten herein, als wollten sie den ganzen Baum umwerfen; die Älteren kamen bedächtig hinterdrein; die Kleinen standen ganz stumm, – aber nur einen Augenblick, dann jubelten sie wieder so laut, dass es nachhallte; sie tanzten um den Baum herum, und ein Geschenk nach dem anderen wurde abgepflückt.

»Was tun die denn da?« dachte der Baum. »Was passiert jetzt?« Und die Lichter brannten bis auf die Zweige herunter, und wie sie nach und nach herunterbrannten, wurden sie gelöscht, und dann durften die Kinder den Baum plündern. Oh, sie stürzten sich auf ihn, dass es in allen Zweigen knackte; wäre er nicht mit Spitze und Goldstern an der Decke festgebunden gewesen, dann wäre er umgestürzt.

Die Kinder tanzten mit ihrem herrlichen Spielzeug herum, niemand hatte Augen für den Baum, außer der alten Kinderfrau, die herumging und zwischen die Zweige lugte, aber das war nur, um zu sehen, ob nicht vielleicht doch eine Feige oder ein Apfel übersehen worden war.

»Eine Geschichte! eine Geschichte!« schrien die Kinder und zerrten einen kleinen dicken Mann zum Baum hin, und er setzte sich genau darunter, »dann sind wir nämlich im Grünen«, sagte er, »und dem Baum wird es besonders guttun, wenn er mithört! aber ich erzähle nur eine Geschichte. Wollt ihr die von ›Ivede-Avede‹ hören oder die von ›Klumpe-Dumpe-der-die-Treppe-hinunterfiel-und-doch-auf-den-Thron-kam-und-die -Prinzessin-kriegte‹?«

»›Ivede-Avede‹!« schrien einige, »›Klumpe-Dumpe‹!« schrien andere; es war ein Gebrüll und Geschrei, nur der Tannenbaum schwieg ganz still und dachte: »Soll ich denn gar nicht dabei sein? überhaupt nichts tun?« Aber er war ja dabei gewesen, hatte getan, was er tun sollte.

Und der Mann erzählte von »Klumpe-Dumpe-der-die-Treppe-hinunterfiel-und-doch-auf-den-Thron-kam-und-die-Prinzessin-kriegte«. Und die Kinder klatschten in die Hände und riefen: »erzähl! erzähl!« sie wollten auch »Ivede-Avede« hören, aber sie bekamen nur das von »Klumpe-Dumpe«. Der Tannenbaum stand ganz still und gedankenvoll da, niemals hatten die Vögel im Walde so etwas erzählt. »Klumpe-Dumpe fiel die Treppe hinunter und kriegte doch die Prinzessin! Jaja, so geht es zu in der Welt!« dachte der Tannenbaum und glaubte, es wäre alles wahr, weil es doch so ein netter Mann war, der erzählt hatte. »Jaja! wer weiß, wer weiß! vielleicht fall ich auch die Treppe hinunter und kriege eine Prinzessin!« Und er freute sich auf den nächsten Tag, wo er wieder mit Lichtern und Spielzeug, Gold und Früchten eingekleidet werden würde.

»Morgen werd ich nicht mehr zittern!« dachte er. »Ich will ganz froh und zufrieden sein in all meiner Herrlichkeit. Morgen werd ich wieder die Geschichte von ›Klumpe-Dumpe‹ hören und vielleicht auch die von ›Ivede-Avede‹.« Und der Baum stand still und gedankenvoll da, die ganze Nacht.

Am Morgen kamen der Knecht und das Hausmädchen herein. »Jetzt geht's wieder los mit dem Ausstaffieren!« dachte der Baum, aber die schleppten ihn aus der Stube hinaus, die Treppe hoch, auf den Dachboden, und hier, in einem dunklen Winkel, in den kein Tageslicht fiel, stellten sie ihn ab. »Was hat das zu bedeuten?« dachte der Baum. »Was um alles in der Welt soll ich hier anfangen? Und was soll ich hier wohl zu hören kriegen?« Und er lehnte sich an die Mauer und dachte und dachte. – – Und Zeit genug hatte er, denn es vergingen Tage und Nächte; niemand kam herauf, und als endlich jemand kam, da war es, um einige große Kisten in die Ecke zu stellen; der Baum stand ganz versteckt, man hätte meinen können, er wäre reinweg vergessen worden.

»Jetzt ist es da draußen Winter!« dachte der Baum. »Die Erde ist hart und mit Schnee bedeckt, die Menschen könnten mich gar nicht einpflanzen; darum soll ich hier noch windgeschützt stehen, bis es Frühling wird! wie aufmerksam das bedacht ist! wie sind die Menschen doch gut! – Wenn es hier nur nicht so dunkel wäre und so furchtbar einsam! – Nicht einmal ein kleiner Hase! – Es war doch so nett da draußen im Wald, wenn Schnee lag, und der Hase sprang vorbei; ja, auch als er über mich wegsprang, aber das konnte ich damals nicht vertragen. Hier oben ist es doch schrecklich einsam!«

»Pi, pi!« sagte eine kleine Maus in diesem Moment und

schlüpfte hervor, und dann kam noch eine kleine hinterdrein. Sie schnupperten am Tannenbaum und schlüpften zwischen den Zweigen hinauf.

»Was für eine scheußliche Kälte!« sagten die kleinen Mäuse. »Sonst ist es eigentlich ganz wundervoll hier oben! Stimmt's, du alter Tannenbaum?«

»Ich bin überhaupt nicht alt!« sagte der Tannenbaum, »es gibt eine Menge, die sind viel älter als ich!«

»Wo kommst du her?« fragten die Mäuse, »und was weißt du?« Sie waren nun einmal so furchtbar neugierig. »Erzähl uns doch von dem schönsten Platz auf der Welt! Bist du dagewesen? Warst du jemals in der Speisekammer, wo die Käsestücke in den Regalen liegen und die Schinken unter der Decke hängen, wo man auf Talglichtern tanzt, und mager hineingeht und fett wieder herauskommt?«

»Das kenn ich nicht!« sagte der Baum, »aber den Wald kenn ich, wo die Sonne scheint, und wo die Vögel singen!« und dann erzählte er alles aus seiner Jugend, und die kleinen Mäuse hatten nie zuvor so etwas gehört, und sie hörten so aufmerksam zu und sagten: »nein, was du alles gesehen hast! wie glücklich bist du doch gewesen!«

»Ich!« sagte der Tannenbaum und dachte über das nach, was er selber erzählte; »ja, das waren, im Grunde, ganz lustige Zeiten!« – aber dann erzählte er vom Weihnachtsabend, als er mit Kuchen und Lichtern geschmückt war.

»Oh!« sagten die kleinen Mäuse. »Wie glücklich bist du doch gewesen, du alter Tannenbaum!«

»Ich bin überhaupt nicht alt!« sagte der Baum, »es war doch erst in diesem Winter, dass ich aus dem Wald gekommen bin! ich bin im allerbesten Alter, ich bin nur von etwas gesetztem Wuchs!«

»Wie schön du erzählen kannst!« sagten die kleinen Mäuse, und in der nächsten Nacht brachten sie vier andere Mäuschen mit, die sollten auch hören, wie der Baum erzählte, und je mehr er erzählte, desto deutlicher erinnerte er sich selbst an alles und fand: »das waren doch ganz lustige Zeiten! aber die können auch wieder kommen, die können auch wieder kommen! Klumpe-Dumpe fiel die Treppe hinunter und kriegte doch die Prinzessin, vielleicht kann ich auch eine Prinzessin kriegen«, und dann dachte der Tannenbaum an so ein niedliches kleines Birkenbäumchen, das draußen im Walde wuchs, das war für den Tannenbaum eine wirkliche wunderschöne Prinzessin.

»Wer ist denn Klumpe-Dumpe?« fragten die kleinen Mäuse. Und dann erzählte der Tannenbaum das ganze Märchen, er erinnerte sich noch an jedes einzelne Wort; und die kleinen Mäuse wären ihm beinahe bis in den Wipfel gehüpft, vor lauter Vergnügen. In der nächsten Nacht kamen noch viel mehr Mäuse, und am Sonntag sogar zwei Ratten; aber die sagten, die Geschichte wäre nicht lustig, und das betrübte die kleinen Mäuse, denn nun fanden sie sie auch nicht mehr so gut.

»Können Sie nur diese eine Geschichte?« fragten die Ratten.

»Nur diese eine!« antwortete der Baum, »ich hörte sie an meinem glücklichsten Abend, aber damals dachte ich nicht daran, wie glücklich ich war!«

»Das ist eine über alle Maßen schlechte Geschichte! können Sie nichts mit Speck oder Talglicht? Keine Speisekammergeschichten?«

»Nein!« sagte der Tannenbaum.

»Ja, dann haben Sie vielen Dank!« antworteten die Ratten und gingen nach Haus.

Zuletzt blieben auch die kleinen Mäuse weg, und da seufzte der Baum: »Das war doch ganz hübsch, wie die so um mich herum saßen, die emsigen Mäuschen, und hörten, was ich erzählte! Nun ist auch das vorbei! – aber ich will daran denken, dass ich mich freue, wenn ich nun wieder hervorgeholt werde!«

Aber wann geschah das? – Ja! es war eines Morgens, da kamen allerlei Leute und rumorten auf dem Dachboden herum; die Kisten wurden beiseitegeschoben, der Baum wurde hervorgezogen; sie warfen ihn zwar ein bisschen hart zu Boden, aber sogleich schleppte ein Knecht ihn zur Treppe, wo das Tageslicht schien.

»Jetzt fängt das Leben wieder an!« dachte der Baum; er fühlte die frische Luft, den ersten Sonnenstrahl, – und jetzt war er draußen im Hof. Alles ging so geschwind, der Baum vergaß völlig, sich selbst zu beobachten, es gab ringsum so viel zu sehen. Der Hof grenzte an einen Garten, und darin stand alles in Blüte; die Rosen hingen so frisch und duftend übers Staket, die Linden blühten, und die Schwalben flogen umher und sagten »Quirre-wirre-witt, mein Mann ist da!« aber es war nicht der Tannenbaum, den sie meinten.

»Jetzt werde ich leben!« jubelte er und breitete seine Zweige weit aus; ach, sie waren alle welk und gelb; er lag in einer Ecke zwischen Unkraut und Brennnesseln. Der Goldpapier-Stern saß noch immer oben in der Spitze und glitzerte im hellen Sonnenschein.

Im Hof selbst spielten ein paar von den lustigen Kindern, die zur Weihnachtszeit um den Baum getanzt waren und sich so an ihm gefreut hatten. Eins von den kleinsten sauste herüber und riss den Goldstern ab.

»Seht nur, was da noch an dem ekligen alten Weihnachtsbaum hängt!« sagte es und trampelte auf den Zweigen herum, dass es unter seinen Stiefeln knackte.

Und der Baum sah all die Blütenpracht und Frische im Garten an, er sah sich selber an, und er wünschte, er wäre in seinem dunklen Winkel auf dem Dachboden geblieben; er dachte an seine frische Jugend im Walde, an den lustigen Weihnachtsabend und an die kleinen Mäuse, die sich so froh die Geschichte von »Klumpe-Dumpe« angehört hatten.

»Vorbei! vorbei!« sagte der arme Baum. »Hätte ich mich doch gefreut, als ich es noch konnte! vorbei! vorbei!«

Und der Hausknecht kam und schlug den Baum in kleine Stücke, ein ganzes Bündel lag da; das prasselte herrlich unter dem großen Braukessel; und er seufzte so tief, jedes Seufzen war wie ein kleiner Schuss; darum kamen die

Kinder, die draußen spielten, hereingelaufen und setzten sich vor das Feuer, sahen hinein und schrien: »piff! paff!« aber bei jedem Knall, der ein tiefer Seufzer war, dachte der Baum an einen Sommertag im Walde, eine Winternacht da draußen, wenn die Sterne schimmerten; er dachte an den Weihnachtsabend und Klumpe-Dumpe, das einzige Märchen, das er gehört hatte und zu erzählen verstand –, und dann war der Baum ausgebrannt.

Die Kinder spielten im Hof, und das kleinste hatte den Goldstern auf der Brust, den der Baum an seinem glücklichsten Abend getragen hatte; jetzt war das vorbei, und der Baum war vorbei und die Geschichte auch; vorbei, vorbei, und das sind einmal alle Geschichten.

Der letzte Traum der alten Eiche

Ein Weihnachtsmärchen

Da stand im Wald, hoch auf dem Hang, am offenen Strand, so ein richtig alter Eichenbaum, der war genau dreihundertfünfundsechzig Jahre alt, aber die lange Zeit war für die Eiche nicht mehr als ebenso viele Tage für uns Menschen; am Tag sind wir wach, in der Nacht schlafen wir und haben unsere Träume; bei einem Baum ist das anders, der Baum ist drei Jahreszeiten lang wach, erst wenn der Winter kommt, schläft er ein, der Winter ist seine Schlafenszeit, das ist seine Nacht nach dem langen Tag, der Frühling, Sommer und Herbst heißt.

So manchen warmen Sommertag lang hatte die Eintagsfliege rund um seine Krone getanzt, hatte gelebt, geschwebt und sich glücklich gefühlt, und ruhte dann das kleine Geschöpf sich aus, einen Augenblick in stiller Glückseligkeit, auf einem der großen, frischen Eichenblätter, dann hatte der Baum immer gesagt: »Armes Kleines! nur ein einziger Tag ist dein ganzes Leben! ach wie kurz! das ist so traurig!«

»Traurig!« hatte die Eintagsfliege da immer geantwortet, »wie meinst du das? Es ist doch alles so wunderbar hell, so warm und schön, und ich bin so froh!«

»Aber nur ein Tag, und alles ist vorbei!«

»Vorbei!« sagte die Eintagsfliege. »Was meinst du mit vorbei? Bist du auch vorbei?«

»Nein, ich lebe vielleicht tausende von deinen Tagen, und mein Tag sind gleich mehrere Jahreszeiten! Das ist etwas so Langes, dass du es gar nicht ausrechnen kannst!«

»Nein, ich verstehe dich nämlich nicht! Du hast tausende von meinen Tagen, aber ich habe tausende von Augenblicken, in denen ich froh und glücklich sein kann! Hört diese ganze herrliche Welt auf, wenn du stirbst?«

»Nein«, sagte der Baum, »die bleibt bestimmt länger da, unendlich viel länger, als ich denken kann!«

»Aber dann haben wir ja gleich viel, nur dass wir verschieden rechnen!«

Und die Eintagsfliege tanzte und schwang sich in die Luft, freute sich an ihren feinen, kunstvollen Flügeln, ihrem Samt und ihrer Seide, freute sich an der warmen Luft, die so gewürzt war mit dem Duft aus den Kleewiesen und von den wilden Rosen am Zaun, von Holunder und Geißblatt, gar nicht zu reden vom Waldmeister, Schlüsselblumen und wilder Pfefferminze; das war ein Duft, so stark, dass die Eintagsfliege glaubte, sie wäre ein bisschen berauscht davon. Der Tag war lang und wunderbar, voll von Freude und süßen Empfindungen, und als die Sonne sank, fühlte die kleine Fliege sich immer so angenehm müde von all der Lust. Die Flügel wollten sie nicht länger tragen, und ganz sachte glitt sie hinunter auf den weichen, schaukelnden Grashalm, nickte mit dem Köpfchen, so wie sie nicken kann, und schlief dann ein, so fröhlich, das war der Tod.

»Arme kleine Eintagsfliege!« sagte die Eiche, »das war doch ein viel zu kurzes Leben!«

Und an jedem Sommertag wiederholte sich derselbe Tanz, dieselben Sätze, Antworten und das Einschlafen; es wiederholte sich durch ganze Geschlechter von Eintagsfliegen, und alle waren sie gleich glücklich, gleich froh. Der Eichenbaum stand wach, seinen Frühlingsmorgen, Sommermittag und Abendherbst lang, nun kam bald die Schlafenszeit, seine Nacht, der Winter, würde kommen.

Schon sangen die Stürme: »Gute Nacht, gute Nacht! da fiel ein Blatt, da fiel ein Blatt! wir pflücken, wir pflücken! sieh zu, dass du schläfst! wir singen dich in Schlaf, wir schütteln dich in Schlaf, aber nicht wahr, das tut gut in den alten Ästen! da knacken sie nur vor lauter Vergnügen! schlafe süß, schlafe süß! das ist deine dreihundertfünfundsechzigste Nacht, eigentlich bist du nur ein junger Spund! schlafe süß! Die Wolke schüttet Schnee, das wird ein ganzes Laken, ein warmes Daunenbett um deine Füße! schlafe süß und träume schön!«

Und der Eichenbaum stand da, entkleidet von all seinem Laub, um zur Ruhe zu gehen den ganzen langen Winter lang und in ihm manchen Traum zu träumen, immer etwas Erlebtes, wie in den Menschenträumen.

Er war auch einmal klein gewesen, ja, eine kleine Eichel war seine Wiege gewesen; nach der Menschenrechnung lebte er nun in einem vierten Jahrhundert; er war der größte und beste Baum im Wald, mit seiner Krone ragte er hoch über alle anderen Bäume hinaus und war weit übers Meer zu sehen, ein Seezeichen; er dachte nicht einmal daran, wie viele Augen nach ihm ausschauten. Hoch oben in seiner grünen Krone wohnten die Waldtauben, und der Kuckuck rief dort, und im Herbst, wenn die Blätter aussahen wie gehämmerte Kupferplatten, kamen die Zugvögel und ruhten sich dort aus, ehe sie weiterflogen über die See; aber jetzt war es Winter, der Baum stand blattlos, man konnte so recht sehen, wie gekrümmt und verbogen seine Äste ragten; Krähen und Dohlen kamen und setzten sich abwechselnd hinein und sprachen von den strengen Zeiten, die nun begannen, und wie schwer es wäre, Futter zu finden im Winter.

Es war gerade die heilige Weihnachtszeit, da träumte der Baum seinen herrlichsten Traum; den wollen wir hören.

Der Baum hatte die deutliche Empfindung, dass es eine festliche Zeit war, er meinte ringsum alle Kirchenglocken läuten zu hören, und außerdem war es wie an einem schönen Sommertag, mild und warm; da breitete er so frisch und grün seine mächtige Krone aus, die Sonnenstrahlen spielten zwischen Blättern und Zweigen, die Luft war erfüllt vom Duft der Kräuter und Büsche; bunte Schmetterlinge spielten Haschen, und die Eintagsfliegen tanzten, als sei alles bloß da, um zu tanzen und sich zu vergnügen. Alles, was der Baum die Jahre hindurch erlebt und um sich herum gesehen hatte, zog vorüber wie in einem ganzen Fest-Aufzug. Er sah aus alter Zeit Ritter und Damen zu Pferde, mit Federn am Hut und Falken auf der Hand, durch den Wald reiten; das Jagdhorn ertönte und die Hunde schlugen an; er sah feindliche Soldaten mit blanken Waffen und in bunten Kleidern, mit Lanzen und Hellebarden, Zelte aufschlagen und wieder niederlegen; das Wachtfeuer loderte, und es wurde gesungen und geschlafen unter den verzweigten Ästen des Baums; er sah Liebende in stillem Glück, die sich hier im Mondschein trafen und ihre Namen, die Anfangsbuchstaben, in die grasgrüne Rinde schnitten. Zither und Äolsharfen waren einmal, ja da lagen lange Jahre dazwischen, in den Zweigen der Eiche aufgehängt gewesen, von reisenden munteren Gesellen, jetzt hingen sie wieder dort, jetzt erklangen sie wieder so lieblich. Die Waldtauben gurrten, als wollten sie erzählen, was der Baum dabei fühlte, und der Kuckuck rief, wie viele Sommertage er leben sollte.

Da war es, als ob ein neuer Lebensstrom ihn durchrieselte bis in die kleinsten Wurzeln hinab und hinauf in die am höchsten ragenden Äste, bis in die Blätter hinein; der Baum fühlte, wie er sich dabei dehnte, ja er fühlte mit den Wurzeln, wie auch unten in der Erde Leben und Wärme waren; er fühlte seine Kräfte zunehmen, er wuchs höher und höher; der Stamm schoss auf, da war kein Stillestehen, er wuchs mehr und immer mehr, die Krone wurde voller, breitete sich aus, erhob sich, – und wie der Baum so wuchs, wuchs auch sein Wohlgefühl, sein glückselig machendes Verlangen, immer noch höher zu reichen, bis hinauf zu der leuchtenden, warmen Sonne.

Schon war er hoch über die Wolken hinausgewachsen, bis dorthin, wo dunkle Zugvogelscharen oder große, weiße Schwanenschwärme unter ihnen dahinziehen.

Und jedes Blatt des Baumes konnte sehen, als hätte es Augen zum Sehen; die Sterne wurden sichtbar mitten am Tage, so groß und blank; jeder von ihnen blinkte wie ein Augenpaar, so mild, so klar; sie erinnerten an bekannte, liebevolle Augen, Kinderaugen, die Augen der Liebenden, wenn sie sich trafen unter dem Baum.

Das war ein glückseliger Augenblick, so voller Wonne! und doch, in all der Wonne empfand er ein Verlangen und eine Lust danach, dass alle die anderen Bäume des Waldes da unten, alle Büsche und Pflanzen und Blumen sich mit erheben sollten, diesen Glanz und dieses Glück empfinden und fühlen. Der mächtige Eichenbaum in all seinen Herrlichkeitsträumen war nicht vollkommen glücklich, ohne sie alle mit dabei zu haben, Kleine und Große, und dieses Gefühl zitterte in allen Zweigen und Blättern so inbrünstig, so stark wie in einer Menschenbrust.

Die Krone des Baumes bewegte sich, als ob sie suchte und sich sehnte, er sah sich um, und da empfand er den Duft des Waldmeisters und bald den noch kräftigeren Duft von Geißblatt und Veilchen, und er glaubte zu hören, wie der Kuckuck ihm Antwort gab.

Ja, durch die Wolken lugten die grünen Wipfel des Waldes hervor, er sah unter sich die anderen Bäume wachsen und sich erheben wie er selber; Büsche und Kräuter schossen hoch empor; einzelne rissen sich mit den Wurzeln los und flogen rascher. Die Birke war die erste; wie ein weißer Blitzstrahl knisterte ihr schlanker Stamm herauf, die Zweige wogten wie grüner Flor und Fahnen; die ganze Waldesnatur, selbst der braungefiederte Röhricht, wuchs mit, und die Vögel kamen mit und sangen, und im Stroh, das wie ein langes grünes Seidenband lose flatterte und flog, saß der Grashüpfer und spielte mit seinen Flügeln auf dem Schienbein; die Maikäfer brummten, und die Bienen summten, jeder Vogel sang mit seinem Schnabel, alles war Freude und Gesang bis in den Himmel.

»Aber die kleine rote Blume am Wasser, die soll auch mit!« sagte der Eichenbaum; »und die blaue Glockenblume! und das kleine Gänseblümchen!« – ja die Eiche wollte sie alle, alle dabeihaben.

»Wir sind dabei! wir sind dabei!« sang es und klang es.

»Aber der hübsche Waldmeister vom vorigen Sommer – und das Jahr davor war hier ein ganzer Teppich von Maiglöckchen –! und der wilde Apfelbaum, wie stand der wunderbar da – und die ganze Pracht des Waldes in den Jahren, in den vielen Jahren –! hätte das doch weitergelebt und wäre geblieben bis jetzt, dann hätte es doch alles dabeisein können!«

»Wir sind dabei! wir sind dabei!« sang es und klang es noch höher oben, es war, als wären sie vorausgeflogen.

»Nein, das ist doch viel zu unglaublich wunderbar!« jubelte die alte Eiche. »Ich habe sie alle, alle bei mir! Kleine und Große! nicht einer ist vergessen! wie ist nur all diese Glückseligkeit möglich und denkbar!«

»In Gottes Himmel ist sie möglich und denkbar!« klang es.

Und der Baum, der immerfort wuchs, fühlte, wie seine Wurzeln sich aus der Erde lösten.

»Das ist jetzt das Allerbeste!« sagte der Baum, »jetzt hält mich kein Band mehr! jetzt kann ich emporfliegen ins Allerhöchste in Licht und Glanz! und alle Lieben hab ich dabei! Kleine und Große! Alle dabei!«

»Alle!«

Das war der Traum des Eichenbaums, und während er träumte, ging ein gewaltiger Sturm über Meer und Land in der heiligen Weihnachtsnacht; die See wälzte schwere Wogen gegen den Strand, der Baum knackte, krachte und wurde ausgerissen mit der Wurzel, gerade während er träumte, dass die Wurzeln sich lösten. Er fiel. Seine dreihundertfünfundsechzig Jahre waren nun um wie ein Tag für die Eintagsfliege.

Am Weihnachtsmorgen, als die Sonne hervorkam, hatte der Sturm sich gelegt; alle Kirchenglocken läuteten festlich, und aus jedem Schornstein, selbst aus den kleinsten Katendächern, stieg bläulicher Rauch auf wie vom Altar beim Druidenfest, der Opferrauch des Danks. Immer stiller wurde die See, und auf einem großen Schiff draußen, das in der Nacht das schwere Wetter wohl überstanden hatte, wurden jetzt alle Flaggen gehisst, weihnachts-festlich und schön.

»Der Baum ist weg! Der alte Eichenbaum, unser Zei-chen an Land!« sagten die Seeleute. »In dieser Sturmnacht ist er gefallen! Wer soll seinen Platz einnehmen; das kann keiner!«

So eine Leichenrede, kurz, aber gut gemeint, bekam der Baum, der hingestreckt auf dem Schneeteppich am Strand lag; und über ihn hin klang Psalmengesang vom Schiff, das Lied von der Weihnachtsfreude und von der Er-lösung der Menschen in Christo und vom ewigen Leben:

»Sing himmelhoch, du Gottes Schar!
Halleluja, denn nun wird wahr
Die Wonne ohnegleichen!
Halleluja, halleluja!«

so klang der alte Psalm, und jeder draußen auf dem Schiff wurde durch ihn und das Gebet auf seine Weise erhoben, so wie der alte Baum sich erhoben hatte in seinem letzten, seinem schönsten Traum in der Weihnachtsnacht.

Die Schneekönigin

Ein Märchen in sieben Geschichten

Erste Geschichte,
die vom Spiegel und den Splittern handelt

Seht nur! jetzt fangen wir an. Wenn wir am Ende der Geschichte angekommen sind, wissen wir mehr, als wir jetzt wissen, denn da war einmal ein böser Troll! es war einer von den allerschlimmsten, es war der *Deubel*! Eines Tages war er richtig guter Laune, denn er hatte einen Spiegel gemacht, der die Eigenschaft besaß, dass alles Gute und Schöne, das sich darin spiegelte, darin beinahe zu Nichts zusammenschmolz, aber was nichts taugte und übel aussah, das trat so recht hervor und wurde noch schlimmer. Die herrlichsten Landschaften sahen darin aus wie gekochter Spinat, und die besten Menschen wurden ekelhaft oder standen auf dem Kopf ohne Bauch, die Gesichter wurden so verdreht, dass sie nicht wiederzuerkennen waren, und hatte man eine Sommersprosse, dann konnte man sicher sein, dass sie sich ausdehnte über Nase und

Mund. Das war überaus lustig, sagte »der Deubel«. Ging nun ein guter frommer Gedanke durch einen Menschen, dann entstand ein Grinsen im Spiegel, dass der Trollteufel lachen musste über seine kunstreiche Erfindung. Alle, die in die Trollschule gingen (er hielt nämlich eine Trollschule ab), erzählten ringsum, es sei ein Wunder geschehen; jetzt erst könne man sehen, meinten sie, wie die Welt und die Menschen wirklich aussahen. Sie liefen mit dem Spiegel herum, und zuletzt gab es kein Land und keinen Menschen mehr, die nicht darin verdreht worden wären. Nun wollten sie auch zum Himmel selbst hinauffliegen, um die Engel und »den Herrgott« zum Gespött zu machen. Je höher sie mit dem Spiegel flogen, desto stärker grinste es darin, sie konnten ihn kaum noch festhalten; höher und höher flogen sie hinauf, näher zu Gott und den Engeln; da zitterte der Spiegel so fürchterlich in seinem Grinsen, dass er ihnen aus den Händen fuhr und zur Erde hinunterstürzte, wo er in hunderte von Millionen, Billionen und noch mehr Stücke ging, und gerade so brachte er noch viel größeres Unglück als vorher; denn manche Stückchen waren kaum so groß wie ein Sandkorn, und diese flogen in der weiten Welt umher, und wo sie Leuten in die Augen gerieten, da blieben sie sitzen, und da sahen die Menschen alles verkehrt oder hatten nur Augen für das, was an einer Sache verkehrt war, denn jedes kleine Spiegelkörnchen hatte dieselben Kräfte behalten, die der ganze Spiegel besessen hatte; manche Menschen bekamen sogar einen kleinen Spiegelsplitter ins

Herz hinein, und dann war es ganz grässlich, denn das Herz wurde nun gleichsam zu einem Eisblock. Einige Spiegelstücke waren so groß, dass man sie als Fensterglas verwendete, aber es lohnte nicht, seine Freunde durch diese Scheibe zu sehen; andere Stücke kamen in Brillen, und dann ging es übel zu, wenn Leute diese Brillen aufsetzten, um recht hinzusehen und gerecht zu sein; der Böse lachte, dass es ihm den Bauch zerriss, und das kitzelte ihn so angenehm. Draußen aber flogen noch immer kleine Glassplitter durch die Luft. Und nun werden wir etwas zu hören kriegen!

Zweite Geschichte
Ein kleiner Junge und ein kleines Mädchen

Drinnen in der großen Stadt, wo so viele Häuser und Menschen sind, dass nicht einmal genug Platz ist, dass alle Leute einen kleinen Garten haben könnten, und wo die meisten sich daher mit Pflanzen in Blumentöpfen begnügen müssen, da waren doch zwei arme Kinder, die hatten einen Garten, der war etwas größer als ein Blumentopf. Sie waren nicht Bruder und Schwester, aber sie hatten einander genauso lieb, als wären sie es. Die Eltern wohnten gleich nebeneinander; sie wohnten in zwei Dachkammern; dort, wo das Dach des einen Nachbarhauses an das andere stieß und die eine Dachrinne an der anderen entlanglief, da schaute aus jedem Haus ein kleines Fenster; man brauchte bloß einen großen Schritt über die Rinne zu machen, dann kam man vom einen Fenster zum andern.

Die Eltern hatten draußen jeder einen großen Holzkasten, und in dem wuchsen Küchenkräuter, die sie brauchten, und ein kleiner Rosenstock; es war in jedem Kasten einer, der wuchs so gesegnet. Nun kam es den Eltern in den Sinn, die Kästen so quer über die Rinne zu stellen, dass sie beinahe vom einen Fenster zum andern reichten und ganz lebensecht wie zwei Blumen-Wälle aussahen. Erbsenranken hingen über die Kästen herab, und aus den Rosenstöcken schossen lange Zweige, rankten sich um die Fenster und neigten sich zueinander: da war es beinahe wie eine Ehrenpforte aus Grün und aus Blüten. Da die Kästen sehr hoch waren und die Kinder wussten, dass sie nicht hinaufklettern durften, so bekamen sie oft die Erlaubnis, zueinander herauszusteigen und auf ihren kleinen Schemeln unter den Rosen zu sitzen, und da spielten sie nun so prächtig.

Im Winter war dieses Vergnügen ja vorbei. Die Fenster waren oft ganz mit Frost überzogen, aber dann wärmten sie Kupferschillinge auf dem Kachelofen, legten den heißen Schilling auf die zugefrorene Scheibe, und dann gab es ein wunderbares Guckloch, so rund, so rund; dahinter lugte ein gesegnetes kleines Auge hervor, eins aus jedem Fenster; das waren der kleine Junge und das kleine Mädchen. Er hieß Kay und sie hieß Gerda. Im Sommer konnten sie mit einem Sprung zueinander kommen, im Winter mussten sie erst die vielen Stiegen hinunter und die vielen Stiegen hinauf; draußen stob der Schnee.

»Das sind die weißen Bienen, die schwärmen aus«, sagte die alte Großmutter.

»Haben die auch eine Bienenkönigin?« fragte der kleine Junge, denn er wusste, dass die richtigen Bienen so eine haben.

»Das haben sie!« sagte die Großmutter. »Sie fliegt da, wo sie am dichtesten schwärmen! sie ist die größte von allen, und niemals bleibt sie still auf der Erde, sie fliegt wieder hinauf in den schwarzen Himmel. Viele Winternächte fliegt sie durch die Straßen der Stadt und sieht zu den Fenstern hinein, und da frieren sie so wunderlich zu, als wären es lauter Blumen.«

»Ja, das habe ich schon gesehen!« sagten beide Kinder, und so wussten sie, dass es die Wahrheit war.

»Kann die Schneekönigin hier hereinkommen?« fragte das kleine Mädchen.

»Lass sie nur kommen«, sagte der Junge, »dann setze ich sie auf den warmen Kachelofen, und dann schmilzt sie.«

Aber die Großmutter strich ihm übers Haar und erzählte andere Geschichten.

Am Abend, als der kleine Kay zu Hause war und schon halb ausgezogen, kroch er auf einen Stuhl am Fenster hinauf und lugte durch das kleine Loch hinaus; ein paar Schneeflocken fielen draußen, und eine davon, die allergrößte, blieb auf dem Rand der einen Blumenkiste liegen; die Schneeflocke wuchs mehr und mehr, zuletzt wurde sie zu einem ganzen Frauenzimmer, gekleidet in die feinsten, weißen Schleier, die waren wie zusammengesetzt aus Millionen sternengleichen Gestöbers. Sie war so schön und fein, aber aus Eis, dem blendenden, blinkenden Eis, und doch war sie lebendig; die Augen starrten wie zwei klare Sterne, aber es war keine Rast oder Ruh darin. Sie nickte zum Fenster und winkte mit der Hand. Der kleine Junge erschrak und sprang vom Stuhl hinunter, da war es, als flöge draußen ein großer Vogel am Fenster vorüber.

Am nächsten Tag herrschte klarer Frost, – und dann kam der Frühling, die Sonne schien, das Grün spross hervor, die Schwalben bauten Nester, die Fenster öffneten sich, und die kleinen Kinder saßen wieder in ihrem kleinen Garten hoch oben in der Dachrinne über allen Etagen.

Die Rosen blühten in diesem Sommer so unvergleichlich; das kleine Mädchen hatte ein Kirchenlied gelernt, und in dem ging es um Rosen, und bei den Rosen dachte sie an ihre eigenen; und sie sang es dem kleinen Jungen vor, und dann sang er mit:

»Im Tal die Rosen blühen fort und fort,
Da kommt zu uns vom Jesuskind das Wort!«

Und die Kleinen hielten einander bei den Händen, küssten die Rosen und blickten in Gottes klaren Sonnenschein und sprachen zu ihm, als sei das Jesuskind darin. Was waren das für herrliche Sommertage, wo es gesegnet war, draußen bei den frischen Rosenstöcken zu sein, die, wie es schien, niemals aufhören wollten zu blühen.

Kay und Gerda saßen da und sahen sich ein Bilderbuch an mit Tieren und Vögeln, da geschah es – die Glocke schlug gerade fünf im großen Kirchturm –, dass Kay sagte: »au! da hat mich was ins Herz gestochen! und jetzt habe ich etwas im Auge!«

Das kleine Mädchen fasste ihn um den Hals; er zwinkerte mit den Augen; nein, da war nichts zu sehen.

»Ich glaube, es ist weg!« sagte er; aber weg war es nicht. Es war just so eins von diesen Glaskörnchen, die vom Spiegel abgesprungen waren, dem Trollspiegel, wir erinnern uns wohl, dem scheußlichen Glas, das machte, dass alles Große und Gute, das sich darin spiegelte, zu etwas Kleinem und Hässlichem wurde, aber das Böse und Schlechte wurde ordentlich groß, und jeder Fehler an einer Sache war sofort zu bemerken. Der arme Kay, er hatte auch so ein Körnchen geradewegs ins Herz bekommen. Bald würde es wie ein Eisblock sein. Nun tat es nicht mehr weh, aber es war da.

»Warum weinst du?« fragte er. »Dann siehst du hässlich aus! mir fehlt ja nichts! Igitt!« rief er und im selben Atemzug: »in der Rose da sitzt ein Wurm! und sieh nur, die da ist ganz schief! es sind eigentlich ekelhafte Rosen! genau wie die Kästen, in denen sie stehen!« und dann stieß er mit dem Fuß grob gegen den Kasten und riss die beiden Rosen ab.

»Kay, was tust du da!« rief das kleine Mädchen; und als

er sah, wie sie sich erschrak, riss er noch eine Rose ab und lief dann zu seinem Fenster hinein fort von der gesegneten kleinen Gerda.

Als sie später mit dem Bilderbuch kam, sagte er, das sei etwas für Säuglinge, und wenn Großmutter Geschichten erzählte, kam er jedesmal mit einem *aber* – und wenn sich die Gelegenheit ergab, dann ging er hinter ihr her, setzte sich eine Brille auf und redete wie sie; es war ganz akkurat, und dann lachten die Leute über ihn. Er konnte bald reden und gehen wie alle Menschen in der ganzen Straße. Alles, was an ihnen apart und nicht schön war, das wusste Kay nachzuäffen, und dann sagten die Leute: »Der hat bestimmt einen ausgezeichneten Kopf, dieser Junge!« aber es war nur das Glas, das er ins Auge bekommen hatte, das Glas, das ihm im Herzen saß, daher kam es, dass er sogar die kleine Gerda neckte, die ihn mit ihrer ganzen Seele liebhatte.

Seine Spiele waren nun ganz anders als zuvor, sie waren so verständig; – eines Wintertages, als die Schneeflocken stoben, brachte er ein großes Brennglas, steckte seinen blauen Mantelzipfel hinaus und ließ die Schneeflocken darauf fallen.

»Schau jetzt mal durch das Glas, Gerda!« sagte er, und jede Schneeflocke wurde viel größer und sah aus wie eine prächtige Blüte oder ein zehnstrahliger Stern; das war herrlich anzusehen.

»Siehst du, wie kunstvoll?« sagte Kay, »das ist viel interessanter als die wirklichen Blumen! und es ist nicht ein einziger Fehler daran, die sind ganz akkurat, wenn sie bloß nicht schmelzen wollten!«

Gleich darauf kam Kay mit großen Handschuhen und seinem Schlitten auf dem Rücken, er schrie Gerda direkt ins Ohr: »ich darf auf dem großen Platz fahren, wo die andern spielen!« und dann war er auf und davon.

Da draußen auf dem großen Platz banden oft die kecksten Jungen ihre Schlitten am Wagen eines Bauern fest, und dann fuhren sie ein gutes Stück mit. Das ging sehr lustig. Als sie gerade am schönsten spielten, kam ein großer Schlitten; der war ganz weiß gestrichen, und es saß darin jemand, die war eingehüllt in einen zottigen weißen Pelz und hatte eine zottige weiße Mütze auf dem Kopf; der Schlitten fuhr zweimal um den Platz, und Kay band geschwind seinen kleinen Schlitten an ihm fest, und nun fuhr er mit. Das ging schnell und immer schneller geradewegs in die nächste Straße hinein; die Person, die ihn fuhr, wandte den Kopf und nickte Kay ganz freundlich zu, es war gerade, als kennten sie einander; jedesmal, wenn Kay seinen kleinen Schlitten losbinden wollte, nickte sie wieder, und dann blieb Kay sitzen; sie fuhren geradewegs zum Stadttor hinaus. Da begann der Schnee in so dichten Schloßen zu fallen, dass der kleine Junge nicht die Hand vor Augen sehen konnte, aber er sauste davon, da ließ er schnell die Schnur fallen, um von dem großen Schlitten loszukommen, aber das half nicht, sein kleines Fahrzeug hing fest, und es ging dahin wie der Wind. Da schrie er ganz laut, aber niemand hörte ihn, und der Schnee stob, und der

Schlitten fuhr davon; manchmal tat er einen Sprung, dann war es, als führe er über Gräben und Hecken dahin. Er war ganz erschrocken, er wollte sein Vaterunser beten, aber alles, was ihm einfiel, war das große Einmaleins.

Die Schneeflocken wurden größer und größer, zuletzt sahen sie aus wie große weiße Hühner; mit einemmal sprangen sie zur Seite, der große Schlitten hielt an, und die Person, die darin fuhr, erhob sich, Pelz und Mütze waren aus lauter Schnee; eine Dame war es, so hoch und rank, so schimmernd weiß, es war die Schneekönigin.

»Wir sind gut vorangekommen!« sagte sie, »aber soll man denn so frieren! komm, kriech in meinen Bärenpelz!« und sie setzte ihn in den Schlitten neben sich, schlug den Pelz um ihn, und es war, als versinke er in einer Schneewehe.

»Frierst du noch!« fragte sie, und dann küsste sie ihn auf die Stirn. Uh! das war kälter als Eis, es ging ihm geradewegs ins Herz, das doch schon ein halber Eisblock war; es war, als sollte er sterben; – aber nur für einen Augenblick, dann tat es gerade gut; er spürte nichts mehr von der Kälte ringsum.

»Mein Schlitten! vergiss meinen Schlitten nicht!« das war das erste, was ihm wieder einfiel; und der wurde festgebunden an einem der weißen Hühner, und das flog mit dem Schlitten auf dem Rücken hinterdrein. Die Schneekönigin küsste Kay noch einmal, und da hatte er die kleine Gerda und die Großmutter und sie alle dort zu Hause vergessen.

»Nun bekommst du keine Küsse mehr!« sagte sie, »sonst küsse ich dich tot!«

Kay sah sie an, sie war so schön, ein klügeres, herrlicheres Gesicht konnte er sich nicht denken, nun schien sie nicht mehr aus Eis zu sein wie damals, als sie draußen vor dem Fenster saß und ihm zuwinkte; in seinen Augen war sie vollkommen, ihm war überhaupt nicht ängstlich zumute, er erzählte ihr, dass er Kopfrechnen könnte, und zwar mit Brüchen, die Fläche aller Länder in Quadratkilometern und »wieviele Einwohner«, und sie lächelte immerzu; da war es ihm, als sei es doch nicht genug mit dem, was er wusste, und er blickte hinauf in den großen, großen Luftraum und sie flog mit ihm, flog hoch hinauf auf die schwarze Wolke, und der Sturm sauste und brauste, es war, als sänge er alte Weisen. Sie flogen über Wälder und Seen, über Länder und Meere; tief drunten sausten die kalten Winde, die Wölfe heulten, der Schnee funkelte, darüber flogen die schwarzen schreienden Krähen hin, in der Höhe aber leuchtete der Mond so groß und klar, und ihn sah Kay an, die lange, lange Winternacht hindurch; am Tage schlief er der Schneekönigin zu Füßen.

Dritte Geschichte
Der Blumengarten bei der Frau, die zaubern konnte

Wie aber erging es der kleinen Gerda, als Kay nicht mehr kam? Wo war er bloß? – Niemand wusste es, niemand konnte Bescheid geben. Die Jungen erzählten nur, dass sie gesehen hatten, wie er seinen kleinen Schlitten an einem prächtigen großen festband, der in die Straße herein und zum Stadttor hinausfuhr. Niemand wusste, wo er war, viele Tränen flossen, die kleine Gerda weinte so bitterlich und lange; – da sagten sie, er wäre tot, er sollte in einem Fluss untergegangen sein, der dicht an der Stadt vorbeifloss; oh, das waren sehr lange, dunkle Wintertage.

Nun kam das Frühjahr mit wärmerem Sonnenschein.

»Kay ist tot und fort!« sagte die kleine Gerda.

»Das glaube ich nicht!« sagte der Sonnenschein.

»Er ist tot und fort!« sagte sie zu den Schwalben.

»Das glaube ich nicht!« antworteten die, und zuletzt glaubte die kleine Gerda es auch nicht mehr.

»Ich will meine neuen roten Schuhe anziehen«, sagte sie eines Morgens, »die Kay nie gesehen hat, und dann will ich zum Fluss hinuntergehen und mich erkundigen!«

Und es war ganz in der Frühe; sie küsste die alte Großmutter, die schlief, zog die roten Schuhe an und ging ganz allein zum Tor hinaus an den Fluss.

»Ist es wahr, dass du meinen kleinen Spielbruder weggenommen hast? Ich will dir meine roten Schuhe schenken, wenn du mir ihn wiedergeben willst!«

Und die Wellen, so kam es ihr vor, nickten so wunderlich; da nahm sie ihre roten Schuhe, das Liebste das sie hatte, und warf sie beide hinaus in den Fluss, aber sie fielen dicht beim Ufer nieder, und die kleinen Wellen trugen sie sogleich zu ihr ans Land, es war gerade als ob der Fluss das Liebste, das sie hatte, nicht annehmen wollte, da er ja den kleinen Kay nicht hatte; sie aber glaubte nun, dass sie die Schuhe nicht weit genug geworfen hätte, und so kletterte sie in ein Boot, das im Schilf lag, sie ging bis ganz ans äußerste Ende und warf die Schuhe fort; aber das Boot war nicht angebunden, und durch die Bewegung, die sie machte, glitt es vom Land fort; sie spürte es und beeilte sich fortzukommen, aber bevor sie es zurückgeschafft hatte, war das Boot schon über eine Elle weit draußen, und nun glitt es rascher davon.

Da bekam die kleine Gerda einen großen Schrecken und fing an zu weinen, aber niemand hörte sie, nur die grauen Sperlinge, und die konnten sie nicht an Land tragen, aber sie flogen am Ufer entlang und sangen, wie um sie zu trösten: »hier sind wir! hier sind wir!« Das Boot trieb mit der Strömung; die kleine Gerda saß ganz still in ihren bloßen Strümpfen; ihre kleinen roten Schuhe schwammen hinterdrein, aber sie konnten das Boot nicht erreichen, das nahm stärkere Fahrt auf.

Schön war es auf beiden Ufern, wunderschöne Blumen, alte Bäume und Böschungen mit Schafen und Kühen, aber nicht ein Mensch in Sicht.

»Vielleicht trägt der Fluss mich zum kleinen Kay«,

dachte Gerda, und so kam sie in bessere Stimmung, erhob sich und schaute viele Stunden lang die schönen grünen Ufer an; da kam sie zu einem großen Kirschgarten, in dem ein kleines Haus stand mit wunderlichen roten und blauen Fenstern, außerdem einem Strohdach und zwei Holzsoldaten, die allen, die vorbeisegelten, salutierten.

Gerda rief sie an, sie glaubte, sie seien lebendig, aber die antworteten natürlich nicht; sie kam ihnen ganz nah, der Fluss trieb das Boot geradewegs auf das Land zu.

Gerda rief noch lauter, und da kam aus dem Haus ein altes, altes Weib, das stützte sich auf einen Krückstock; sie trug einen großen Sonnenhut, und der war mit den herrlichsten Blumen bemalt.

»Du kleines armes Kind!« sagte das alte Weib; »wie bist du nur auf den großen, starken Strom hinausgeraten, so weit hinausgetrieben in die weite Welt!« und dann ging das alte Weib ganz ins Wasser hinaus, schlug ihren Krückstock über den Rand des Bootes, zog es ans Land und hob die kleine Gerda heraus.

Und Gerda war froh, aufs Trockene zu kommen, aber doch ein bisschen bange vor dem fremden, alten Weib.

»Komm doch her und erzähl mir, wer du bist, und wie du hierher kommst!« sagte sie.

Und Gerda erzählte ihr alles; und die Alte schüttelte den Kopf und sagte »Hm! hm!« und als Gerda ihr alles gesagt und gefragt hatte, ob sie nicht den kleinen Kay gesehen hätte, sagte das Weib, dass er nicht hier vorbeigekommen sei, er werde aber schon noch kommen, sie sollte nur nicht betrübt sein, sondern lieber ihre Kirschen probieren und ihre Blumen anschauen, die seien schöner als jedes Bilderbuch, von denen könne jede eine ganze Geschichte erzählen. Dann nahm sie Gerda bei der Hand, sie gingen hinein in das kleine Haus, und das alte Weib schloss die Tür ab.

Die Fenster saßen hoch oben, und das Glas darin war rot, blau und gelb; das Tageslicht spielte so wunderlich darin in allen Farbtönen, aber auf dem Tisch standen die herrlichsten Kirschen, und Gerda aß soviele sie wollte, denn das durfte sie. Und während sie aß, kämmte das alte Weib ihr Haar mit einem goldenen Kamm, und das Haar lockte sich und schimmerte so wunderbar blond um das kleine, freundliche Gesicht, das so rund war und aussah wie eine Rose.

»So ein süßes kleines Mädchen habe ich mir richtig lange gewünscht«, sagte die Alte. »Nun sollst du sehen, wie gut wir beiden miteinander auskommen!« und je länger sie das Haar der kleinen Gerda kämmte, desto mehr vergaß Gerda ihren Pflegebruder Kay; denn das alte Weib konnte zaubern, aber eine böse Zauberin war sie nicht, sie zauberte nur so ein bisschen zu ihrem eigenen Vergnügen, und nun wollte sie gerne die kleine Gerda behalten. Darum ging sie in den Garten, streckte ihren Krückstock gegen alle Rosenstöcke aus, und so wunderbar sie auch blühten, so sanken sie doch alle hinab in die schwarze Erde und man konnte nicht sehen, wo sie gestanden hatten. Die Alte hatte Angst, dass Gerda die Rosen sehen und dann an ihre eigenen denken würde und dass ihr dann wieder der kleine Kay in den Sinn käme und sie davonliefe.

Nun führte sie Gerda in den Blumengarten hinaus. – Nein! welcher Wohlgeruch, welche Wonne! alle erdenklichen Blumen, und das für jede Jahreszeit, standen hier im prächtigsten Blütenflor; kein Bilderbuch konnte bunter und schöner sein. Gerda hüpfte vor Freude, und sie spielte, bis die Sonne hinter den hohen Kirschbäumen unterging, da bekam sie ein herrliches Bett mit Bettdecken aus roter Seide, die waren mit blauen Veilchen gefüllt, und sie schlief und träumte darin so wunderbar wie nur eine Königin am Tag ihrer Hochzeit.

Am nächsten Tag konnte sie wieder im warmen Sonnenschein mit den Blumen spielen –, und so vergingen viele Tage. Gerda kannte jede Blume, doch so viele da auch waren, war ihr doch immer, als ob eine fehlte, nur welche, das wusste sie nicht. Da sitzt sie eines Tages so da und blickt auf den Sonnenhut des alten Weibes mit den gemalten Blumen, und just die schönste davon war eine Rose. Die Alte hatte vergessen, sie vom Hut zu entfernen, als sie die anderen in die Erde brachte. Aber so geht es, wenn man seine Gedanken nicht zusammenhält! »Was!« sagte Gerda, »sind hier keine Rosen!« und sprang zwischen den Beeten herum, suchte und suchte, aber es waren keine zu finden; da setzte sie sich nieder und weinte, aber ihre heißen Tränen fielen gerade dort nieder, wo ein Rosenstock versunken war, und als die warmen Tränen die Erde wässerten, schoss der Stock mit einemmal empor, so blühend wie in dem Augenblick, in dem er versunken war, und Gerda umschlang ihn, küsste ihn und dachte an die herrlichen Rosen zu Hause und mit ihnen an den kleinen Kay.

»Oh, wie habe ich mich verspätet!« sagte das kleine Mädchen. »Ich sollte ja Kay finden! – Wisst ihr nicht, wo er ist?« fragte sie die Rosen. »Glaubt ihr, er ist tot und fort?«

»Tot ist er nicht«, sagten die Rosen. »Wir sind ja in der Erde gewesen, da sind all die Toten, aber Kay war da nicht!«

»Danke, ihr Rosen!« sagte die kleine Gerda, und sie ging zu den anderen Blumen und blickte in ihre Kelche und fragte: »Wisst ihr nicht, wo der kleine Kay ist?«

Aber jede Blume stand in der Sonne und träumte ihr eigenes Märchen oder ihre eigene Geschichte, davon bekam die kleine Gerda viele, so viele, aber niemand wusste etwas von Kay.

Und was sagte da die Feuerlilie?

»Hörst du die Trommel: bum! bum! das sind nur zwei Töne, immer bum! bum! hör das Klagelied der Frauen! hör wie die Priester rufen! – In ihrem langen roten Gewand steht die Hindufrau am Feuer, die Flammen schlagen über ihr und ihrem toten Mann zusammen; die Hindufrau aber denkt an den Lebenden hier im Kreise, an ihn, dessen Augen heißer als die Flammen brennen, an ihn, dessen Augenflammen ihrem Herzen näherkommen als die Flammen, die bald ihren Körper zu Asche verbrennen. Kann Herzensfeuer denn im Feuer sterben?«

»Davon verstehe ich kein bisschen!« sagte die kleine Gerda.

»Das ist mein Märchen!« sagte die Feuerlilie.

Was sagt die Windenblüte?

»Über den schmalen Gebirgsweg ragt eine alte Ritterburg hinaus; das dichte Immergrün wächst über die alten roten Mauern hinauf, Blatt an Blatt, rings um den Altan, und da steht ein wunderschönes Mädchen; sie beugt sich über das Geländer hinaus und sieht den Weg hinab. Keine Rose hängt so frisch von den Zweigen wie sie, keine Apfelblüte, wenn der Wind sie vom Baum davonträgt, schwebt leichter dahin als sie; wie raschelt das prächtige Seidengewand. ›Kommt er denn nicht!‹«

»Ist es Kay, den du meinst«, fragte die kleine Gerda.

»Ich spreche nur von meinem Märchen, meinem Traum«, antwortete die Windenblüte.

Was sagt das kleine Schneeglöckchen?

»Zwischen den Bäumen hängt an Seilen das lange Brett, das ist eine Schaukel; zwei niedliche kleine Mädchen – die Kleidchen sind weiß wie Schnee, lange grüne Seidenbänder flattern von den Hüten – sitzen darauf und schaukeln; der Bruder, der größer ist als sie, steht aufrecht auf der Schaukel, er hat den Arm um das Seil gelegt, um sich festzuhalten, denn in der einen Hand hält er eine kleine Schale, in der anderen eine Tonpfeife, er

bläst Seifenblasen; die Schaukel geht, und die Seifenblasen fliegen mit herrlichen, wechselnden Farben dahin; die letzte hängt noch am Pfeifenstiel und dehnt
sich im Wind; die Schaukel geht. Der kleine schwarze
Hund, leicht wie die Seifenblasen, stellt sich auf die
Hinterbeine und will mit auf die Schaukel, die fliegt;
der Hund plumpst herab, kläfft und ist wütend; die
Schaukel schwingt und narrt ihn, die Seifenblasen plat-
zen – ein schaukelndes Brett, ein zerspringendes Bild
aus Schaum, das ist mein Lied!«

»Es mag wohl sein, dass es hübsch ist, was du da erzählst,
aber du sagst es so traurig und erwähnst mit keinem Wort
Kay. Was sagen die Hyazinthen?«

»Es waren einmal drei wunderschöne Schwestern, so
durchsichtig und fein; das Gewand der Einen war rot,
das der Zweiten blau, das der Dritten ganz weiß; Hand
in Hand tanzten sie an dem stillen See im Mondschein.
Sie waren keine Elfenmädchen, sie waren Menschen-
kinder. Da duftete es so süß, und die Mädchen ver-
schwanden im Walde; der Duft wurde stärker; – drei
Särge, darin lagen die lieblichen Mädchen, glitten aus
dem Waldesdickicht über den See; Johanniskäferchen
flogen schimmernd um sie her, wie kleine schwebende
Lichter. Schlafen die tanzenden Mädchen, oder sind
sie tot? – Der Blütenduft sagt, sie seien Leichen; die
Abendglocke läutet für die Toten!«

»Du machst mich ganz betrübt«, sagte die kleine Gerda. »Du duftest so stark; ich muss an die toten Mädchen denken! ach, ist denn wirklich der kleine Kay tot? Die Rosen sind unten in der Erde gewesen, und die sagen nein!«

»Ding, dong!« läuteten die Hyazinthenglocken. »Wir läuten nicht für den kleinen Kay, den kennen wir nicht! wir singen nur unser Lied, das einzige, das wir können!«

Und Gerda ging zur Butterblume, die aus den glänzenden grünen Blättern herausleuchtete.

»Du bist eine kleine helle Sonne!« sagte Gerda. »Sag mir, ob du weißt, wo ich meinen Spielbruder finden soll?«

Und die Butterblume leuchtete so schön und sah wieder Gerda an, welches Lied konnte wohl die Butterblume singen? Das war auch nicht über Kay.

»In einen kleinen Hof schien Gottes Sonne so warm am ersten Frühlingstag; die Strahlen glitten an den weißen Mauern des Nachbarn herab, dicht daneben wuchsen die ersten gelben Blumen, leuchtendes Gold in den warmen Sonnenstrahlen; die alte Großmutter war draußen in ihrem Stuhl, die Enkeltochter, das arme, schöne Dienstmädchen, kam auf einen kurzen Besuch nach Hause; sie küsste die Großmutter. Es war Gold, Herzensgold in dem gesegneten Kuss. Gold auf den Mund, Gold im Grund, Gold in heller Morgenstund'! Sieh, das ist meine kleine Geschichte!« sagte die Butterblume.

»Meine arme alte Großmutter!« seufzte Gerda. »Ja die hat bestimmt Sehnsucht nach mir, sie hat Kummer um mich, genau wie damals um den kleinen Kay. Aber ich komme bald wieder nach Hause, und dann bring ich Kay mit. – Es hilft nichts, dass ich die Blumen frage, die können nur ihr eigenes Lied, die sagen mir nicht Bescheid!« und dann band sie ihr Kleidchen hoch, damit sie schneller laufen könnte; aber die Osterglocke schlug ihr gegen die Beine, als sie darüber sprang; da blieb sie stehen, sah die lange gelbe Blume an und fragte: »Weißt du vielleicht etwas?« und sie beugte sich hinunter zur Osterglocke. Und was sagte die?

»Ich kann mich selber sehn! ich kann mich selber sehn!« sagte die Osterglocke. »Oh, oh, wie ich dufte! – Oben in der Dachkammer, halb angezogen, steht eine kleine Tänzerin, sie steht bald auf einem Bein, bald auf zweien, sie gibt der ganzen Welt einen Tritt, sie ist bloß Blendwerk für die Augen. Sie gießt Wasser aus einem Teekessel auf ein Stück Stoff, das sie in der Hand hält, das ist ihr Schnürleibchen; – Reinlichkeit ist eine schöne Sache! das weiße Kleid hängt am Haken, das ist auch im Teekessel gewaschen und auf dem Dach getrocknet; das zieht sie an, das safrangelbe Tuch um den Hals, dann leuchtet das Kleid noch weißer. Das Bein in die Höhe! sieh, wie sie emporragt auf einem Stiel! ich kann mich selber sehn! ich kann mich selber sehn!«

»Das kümmert mich nicht im geringsten!« sagte Gerda. »Das ist nichts, was man mir erzählen muss!« und dann lief sie zum Rand des Gartens.

Das Tor war verschlossen, aber sie rüttelte an der rostigen Krampe, da ging sie los, und das Tor sprang auf, und dann lief die kleine Gerda auf nackten Füßen hinaus in die weite Welt. Sie sah dreimal zurück, aber da war niemand, der hinter ihr herkam; zuletzt konnte sie nicht mehr laufen und setzte sich auf einen großen Stein, und als sie sich umsah, war der Sommer vorbei, es war spät im Herbst, das hatte man da drinnen in dem wunderbaren Garten gar nicht merken können, wo immer Sonnenschein war und die Blumen aus allen Jahreszeiten.

»Gott! wie habe ich mich verspätet!« sagte die kleine Gerda: »Es ist ja Herbst geworden! dann darf ich mich nicht ausruhen!« und sie erhob sich, um zu gehen.

Oh, wie waren ihre kleinen Füße weh und müde, und ringsum sah es kalt und rauh aus; die langen Weidenblätter waren ganz gelb, und der Nebel tropfte als Wasser von ihnen herunter, ein Blatt nach dem anderen fiel, nur der Schlehdorn trug Früchte, so herb dass sich der Mund davon zusammenzog. O wie war es grau und schwer in der weiten Welt.

Vierte Geschichte
Prinz und Prinzessin

Gerda musste sich wieder ausruhen; da hüpfte dort über den Schnee, gegenüber der Stelle, an der sie saß, ein gro-ßer Krähenmann, der hatte lange da gesessen, sie ange-schaut und mit dem Kopf gewackelt; jetzt sagte er: »Kra! kra! – Tag, Tag!« Besser konnte er es nicht sagen, aber er meinte es so gut mit dem kleinen Mädchen und fragte, wohin sie denn so allein ginge, hinaus in die weite Welt. Das Wort: *allein* verstand Gerda sehr gut und fühlte recht gut, wieviel darin lag, und dann erzählte sie dem Krähen-mann ihr ganzes Leben und fragte, ob er nicht den kleinen Kay gesehen hätte.

Und die Krähe nickte ganz bedächtig und sagte: »kann sein! kann sein!«

»Was, glaubst du!« rief das kleine Mädchen und hätte ihn beinahe totgedrückt, so küsste sie ihn.

»Vernünftig, vernünftig!« sagte die Krähe. »Ich glaube, ich weiß, – ich glaube, das kann der kleine Kay sein! aber jetzt hat er dich bestimmt vergessen, wegen der Prinzessin!«

»Wohnt er bei einer Prinzessin?« fragte Gerda.

»Ja hör!« sagte die Krähe, »aber es fällt mir so schwer, deine Sprache zu sprechen. Wenn du Rabianisch verstehst, kann ich besser erzählen!«

»Nein, das hab ich nicht gelernt!« sagte Gerda, »aber Großmutter konnte es, und die P-Geheimsprache konnte sie auch. Hätte ich das nur gelernt!«

»Macht nichts!« sagte die Krähe, »ich erzähle, so gut ich kann, aber schlecht wird es so oder so«, und dann erzählte sie, was sie wusste.

»In dem Königreich, in dem wir jetzt sitzen, wohnt eine Prinzessin, die ist so ungeheuer klug, aber sie hat nun auch alle Zeitungen gelesen, die es auf der Welt gibt, und alle wieder vergessen, so klug ist sie. Neulich sitzt sie auf dem Thron, und so furchtbar lustig ist das auch nicht, heißt es, da summt sie so mir nichts, dir nichts ein Lied, das war just dieses: ›warum soll ich nicht Hochzeit machen!‹ ›Also hör mal, da ist was dran!‹ sagt sie, und dann wollte sie Hochzeit machen, aber sie wollte einen Mann, der zu antworten verstand, wenn man etwas zu ihm sagte, einen der nicht bloß dastand und vornehm aussah, denn das ist so langweilig. Da ließ sie alle Hofdamen zusammentrommeln, und als die hörten, was sie wollte, waren sie so vergnügt, ›das gefällt mir ausgesprochen!‹ sagten sie, ›an sowas habe ich neulich auch gedacht!‹ – Du kannst mir glauben, dass es die Wahrheit ist, jedes Wort das ich sage!« sagte die Krähe. »Ich habe eine zahme Liebste, die läuft frei im Schloss herum, und die hat mir alles erzählt!«

Das war natürlich auch eine Krähe, seine Liebste, denn Krähe sucht Nähe, und zwar die einer Krähe.

»Die Zeitungen erschienen gleich mit einem Rand aus Herzen und dem Namenszug der Prinzessin; da konnte man lesen, dass es jedem gutaussehenden jungen Mann freistünde, aufs Schloss hinaufzukommen und mit der

Prinzessin zu reden, und der, der so redete, dass man hören konnte, dass er hier zu Hause war und am besten redete, den wollte die Prinzessin zum Mann nehmen! – Ja, ja!« sagte die Krähe, »du kannst mir glauben, das ist so sicher wie ich hier sitze, das Volk strömte, es war ein Gedränge und eine Rennerei, aber es klappte nicht, weder am ersten noch am zweiten Tag. Sie konnten allesamt gut reden, wenn sie draußen auf der Straße waren, aber wenn sie zum Schlosstor hereinkamen und die Garden in Silber sahen, und oben auf den Treppen die Lakaien in Gold und die großen erleuchteten Säle, dann waren sie ganz verblüfft; und standen sie vor dem Thron, auf dem die Prinzessin saß, dann wussten sie nichts zu sagen als nur das letzte Wort, das sie gesagt hatte, und das nochmal zu hören, darauf gab sie nichts. Es war gerade, als hätten die Leute da drinnen Schnupftabak im Magen und wären in Winterschlaf gefallen, bis sie wieder auf die Straße hinauskamen, ja, dann konnten sie plappern. Da stand eine lange Reihe vom Stadttor bis zum Schloss. Ich war selbst drin und hab's gesehen!« sagte die Krähe. »Sie wurden hungrig und durstig, aber vom Schloss bekamen sie nicht mal ein armseliges Glas lauwarmes Wasser. Ein paar von den Klügsten hatten wohl ein Butterbrot mitgenommen, aber die teilten nicht mit ihrem Nachbarn, die dachten so bei sich: lass ihn nur hungrig aussehen, dann nimmt die Prinzessin ihn nicht!«

»Aber Kay, der kleine Kay!« fragte Gerda. »Wann kommt er? War er einer von den vielen?«

»Nur die Ruhe! die Ruhe! nun sind wir gleich bei ihm! das war am dritten Tag, da kam da eine kleine Person, ohne Pferd oder Wagen, ganz keck marschierte er gerade zum Schloss hinauf; seine Augen glänzten wie deine, er hatte wunderschönes langes Haar, aber sonst ganz armselige Kleider!«

»Das war Kay!« jubelte Gerda. »Oh, dann habe ich ihn also gefunden!« und sie klatschte in die Hände.

»Er hatte einen kleinen Ranzen auf dem Rücken!« sagte die Krähe.

»Nein, das war bestimmt sein Schlitten!« sagte Gerda, »denn mit dem Schlitten ist er weggegangen!«

»Das kann gut sein!« sagte die Krähe, »ich hab nicht so genau hingesehen! aber das weiß ich von meiner zahmen Liebsten, dass er, als er zum Schlosstor hereinkam und die Leibwache in Silber sah und oben auf der Treppe die Lakaien in Gold, da war er nicht das kleinste bisschen verzagt, er nickte und sagte zu denen: ›das muss langweilig sein, auf der Treppe zu stehen, ich gehe lieber rein!‹ Dort glänzten die Säle vor Kerzen; Geheimräte und Exzellenzen gingen auf bloßen Füßen und trugen Goldschalen; da konnte man schon feierlich werden! seine Stiefel knirschten so entsetzlich laut, aber er war doch nicht bange!«

»Ganz bestimmt ist das Kay!« sagte Gerda, »ich weiß, er hatte neue Stiefel, ich habe sie knirschen hören in Großmutters Stube!«

»Ja knirschen, das taten sie!« sagte die Krähe, »und keck ging er geradewegs bis zur Prinzessin, die saß auf einer

Perle, so groß wie ein Spinnrad; und alle Hofdamen mit ihren Mädchen und den Mädchen ihrer Mädchen, und alle Kavaliere mit ihren Dienern und den Dienern ihrer Diener, die Burschen haben, standen ringsum aufgestellt; und je näher sie an der Tür standen, umso stolzer sahen sie aus. Der Bursche der Diener der Diener, der immer in Pantoffeln herumläuft, ist schon fast nicht mehr anzuschauen, so stolz steht er in der Tür!«

»Das muss grässlich sein!« sagte die kleine Gerda. »Und Kay hat die Prinzessin *doch* gekriegt!«

»Wäre ich nicht eine Krähe gewesen«, sagte der Krähenmann, »dann hätte ich sie genommen, und das obwohl ich verlobt bin. Er soll ebenso gut geredet haben, wie ich rede, wenn ich Rabianisch rede, das habe ich von meiner zahmen Liebsten. Er war keck und niedlich; er war überhaupt nicht gekommen, um um ihre Hand anzuhalten, sondern ganz allein, um die Klugheit der Prinzessin zu hören, und die fand er gut, und sie fand ihn auch gut!«

»Ja, bestimmt! das war Kay!« sagte Gerda, »er war so klug, er konnte Kopfrechnen mit Brüchen! – Oh, willst du mich nicht ins Schloss bringen!«

»Ja, das ist leicht gesagt!« sagte die Krähe. »Aber wie stellen wir das an? Ich muss mit meiner zahmen Liebsten darüber reden; sie kann uns wohl Rat geben; denn das eine muss ich dir sagen, so ein kleines Mädchen wie du, das bekommt niemals die Erlaubnis, ordentlich hineinzugehen!«

»Doch, das tu ich!« sagte Gerda. »Wenn Kay hört, dass ich hier bin, kommt er gleich her und holt mich!«

»Warte da am Zaun auf mich!« sagte der Krähenmann, wackelte mit dem Kopf und flog davon.

Erst als es schon Abend und dunkel geworden war, kam er wieder zurück: »Rar! rar!« sagte er. »Ich soll dich vielmals von ihr grüßen! und hier ist ein Stückchen Brot für dich, das hat sie aus der Küche genommen, da ist Brot genug, und du hast bestimmt Hunger! – Es ist nicht möglich, dass du ins Schloss gelangst, du bist ja barfuß; die Garde in Silber und die Lakaien in Gold werden es nicht erlauben; aber weine nicht, du sollst doch noch da hinaufkommen. Meine Liebste kennt eine kleine Hintertreppe, die zur Schlafkammer führt, und sie weiß, wo man den Schlüssel holt!«

Und sie gingen in den Park, in die große Allee, wo ein Blatt nach dem andern fiel, und als im Schloss die Lichter ausgingen, eins nach dem andern, führte der Krähenmann die kleine Gerda zu einer Hintertür, die nur angelehnt war.

Oh, wie Gerdas Herz vor Angst und Sehnsucht klopfte! es war gerade so, als sollte sie etwas Böses tun, und sie wollte doch bloß herausbekommen, ob es der kleine Kay war; ja, das musste er sein; sie dachte so lebhaft an seine klugen Augen, seine langen Haare; sie konnte richtig vor sich sehen, wie er lächelte, wie damals, als sie zu Hause unter den Rosen saßen. Er würde sich bestimmt freuen, sie zu sehen, zu hören, welchen langen Weg sie um seinetwillen gegangen war, zu erfahren, wie betrübt sie alle zu Hause gewesen waren, als er nicht zurückkam. Oh, das war eine Furcht und eine Freude.

Jetzt waren sie auf der Treppe; da brannte eine kleine Lampe auf einem Schrank; mitten auf dem Fußboden stand die zahme Krähe und drehte den Kopf nach allen Seiten und betrachtete Gerda, die sich verbeugte, wie sie es von der Großmutter gelernt hatte.

»Mein Verlobter hat so hübsch von Ihnen gesprochen, mein kleines Fräulein«, sagte die zahme Krähe, »ihre *Vita*, wie man so sagt, ist auch zu rührend! – Wollen Sie die Lampe nehmen, dann gehe ich voraus. Wir nehmen den direkten Weg hier, da begegnet uns nämlich niemand!«

»Mir ist, hier kommt jemand direkt hinter uns her!« sagte Gerda, und es sauste an ihr vorüber; es ging wie Schatten über die Mauern hin, Pferde mit flatternden Mähnen und dünnen Beinen, Jägersburschen, Herren und Damen zu Pferd.

»Das sind nur die Träume!« sagte die Krähe, »die kommen und holen die Gedanken der hohen Herrschaften zur Jagd, gut ist das, dann können Sie sie besser im Bett betrachten. Aber lassen Sie mich sehen, wenn Sie zu Ehren und Würden kommen, dass Sie da auch ein dankbares Herz zeigen!«

»Aber davon redet man doch nicht!« sagte der Krähenmann aus dem Wald.

Nun kamen sie in den ersten Stock, der war aus rosenrotem Atlasstoff mit künstlichen Blumen an den Wänden; hier sausten schon die ersten Träume vorüber, aber die fuhren so hurtig dahin, dass Gerda die hohe Herrschaft nicht zu sehen bekam. Der eine Saal wurde prächtiger als der andere; ja das war wirklich verblüffend, und jetzt waren sie im Schlafzimmer. Die Decke hier drinnen glich einer großen Palme mit Blättern aus Glas, kostbarem Glas, und mitten über dem Boden hingen an einem dicken goldenen Stiel zwei Betten, die jedes wie Lilien aussahen: das eine war weiß, darin lag die Prinzessin, das andere war rot, und das war dasjenige, in dem Gerda den kleinen Kay suchen sollte; sie beugte eines der roten Blätter beiseite und da sah sie einen braunen Nacken. – Oh, das war Kay! – Sie rief ganz laut seinen Namen, hielt die Lampe dicht über ihn – die Träume kamen zu Pferde wieder in die Stube gesaust – er wachte auf, drehte den Kopf und – – es war nicht der kleine Kay.

Der Prinz ähnelte ihm nur im Nacken, aber jung und schön war er. Und aus dem weißen Lilienbett blinzelte die Prinzessin herüber und fragte, was es da gäbe. Da weinte die kleine Gerda und erzählte ihr ihre Geschichte und alles, was die Krähen für sie getan hatten.

»Du kleines armes Ding!« sagten der Prinz und die Prinzessin, und sie lobten die Krähen und sagten, dass sie überhaupt nicht böse auf sie wären, aber das sollte doch nicht noch öfter vorkommen. Allerdings sollten sie eine Belohnung erhalten.

»Wollt ihr frei herumfliegen?« fragte die Prinzessin, »oder wollt ihr eine feste Stelle als Hofkrähen mit allem, was in der Küche abfällt?«

Und beide Krähen verbeugten sich und baten um die feste Stelle; denn sie dachten an ihr Alter und sagten, »es wäre so gut für den alten Mann«, wie man bei ihnen sagt.

Und der Prinz stand aus seinem Bett auf und ließ Gerda darin schlafen, und mehr konnte er nicht tun. Sie faltete ihre kleinen Hände und dachte: »wie gut doch Menschen und Tiere sind«, und dann schloss sie ihre Augen und schlief einen so gesegneten Schlaf. Alle Träume kamen wieder hereingeflogen, und da sahen sie aus wie Gottes Engel, und sie zogen einen kleinen Schlitten, und auf dem saß Kay und nickte; aber das Ganze war nur Träumerei, und darum war es auch wieder verschwunden, sobald sie erwachte.

Am nächsten Tag wurde sie von Kopf bis Fuß in Samt und Seide eingekleidet; man bot ihr an, im Schloss zu bleiben und gute Tage zu haben, aber sie bat nur darum, einen kleinen Wagen mit einem Pferd davor zu bekommen und ein Paar kleine Stiefel, dann wollte sie wieder hinausfahren in die weite Welt und Kay finden.

Und sie bekam sowohl Stiefel als auch einen Muff; sie wurde so niedlich eingekleidet, und als sie aufbrechen wollte, hielt an der Tür eine neue Kutsche aus purem Gold; das Wappen von Prinz und Prinzessin leuchtete daraus hervor wie ein Stern; Kutscher, Diener und Vorreiter, denn da waren auch Vorreiter, saßen da und trugen Goldkronen. Der Prinz und die Prinzessin halfen ihr selbst in den Wagen und wünschten ihr alles Glück. Der Waldkrähenmann, der nun geheiratet hatte, begleitete sie die ersten drei Meilen; er saß neben ihr, denn er konnte es nicht ertragen, gegen die Fahrtrichtung zu sitzen; die Krähendame stand an der Pforte und schlug mit den Flügeln, sie kam nicht mit, denn sie litt an Kopfweh, seit sie die feste Stelle und zuviel zu essen hatte. Innen war die Kutsche mit Zuckerkringeln ausgekleidet, und auf dem Sitz lagen Früchte und Pfeffernüsse.

»Leb wohl! Leb wohl!« riefen der Prinz und die Prinzessin, und die kleine Gerda weinte, und der Krähenmann weinte; – so ging es die ersten Meilen; da sagte auch der Krähenmann »Lebwohl«, und das war der schwerste Abschied; er flog in einen Baum hinauf und schlug mit seinen schwarzen Flügeln, solange er den Wagen sehen konnte, der leuchtete, als wäre es der klare Sonnenschein.

Fünfte Geschichte
Das kleine Räubermädchen

Sie fuhren durch den dunklen Wald, aber die Kutsche leuchtete wie ein loderndes Feuer, das stach den Räubern in die Augen, das konnten sie nicht aushalten.

»Das ist Gold! das ist Gold!« riefen sie, stürzten hervor, ergriffen die Pferde, schlugen die kleinen Jockeys, den Kutscher und die Diener tot und zogen nun die kleine Gerda aus dem Wagen.

»Sie ist fett, sie ist niedlich, sie ist mit Nusskernen gemästet!« sagte das alte Räuberweib, das einen langen, struppigen Bart hatte und Augenbrauen, die ihr über die Augen herunterhingen. »Das ist so gut wie ein kleines Mastlamm! na, wie die schmecken wird!« und dann zog sie ihr blankes Messer heraus, und das schimmerte so, dass es einen grauste.

»Au!« sagte das Weib genau in diesem Moment, in dem sie ins Ohr gebissen wurde von ihrer eigenen kleinen Tochter, die ihr auf dem Rücken hing und so wild und ungezogen war, dass es eine Lust war. »Du grässliches Balg!« sagte die Mutter und hatte gar keine Zeit mehr, Gerda zu schlachten.

»Sie soll mit mir spielen« sagte das kleine Räubermädchen. »Sie soll mir ihren Muff geben, ihr schönes Kleid, bei mir in meinem Bett schlafen!« und dann biss sie wieder zu, dass das Räuberweib in die Höhe sprang und sich drehte, und alle Räuber lachten und sagten: »sieh wie sie tanzt mit ihrem Balg!«

»Ich will in die Kutsche!« sagte das kleine Räubermädchen, und sie musste und würde ihren Willen bekommen, denn sie war so verwöhnt und so halsstarrig. Sie und Gerda setzten sich hinein, und dann fuhren sie über Stock und Stein tiefer in den Wald. Das kleine Räubermädchen war so groß wie Gerda, aber stärker, breitschultriger und von dunkler Haut; ihre Augen waren ganz schwarz, sie sahen fast betrübt aus. Sie umschlang die kleine Gerda und sagte: »Die sollen dich nicht schlachten, solange ich nicht böse auf dich werde! Du bist wohl eine Prinzessin?«

»Nein«, sagte die kleine Gerda und erzählte ihr alles, was sie erlebt hatte, und wie sehr sie den kleinen Kay liebhatte.

Das Räubermädchen blickte sie ganz ernst an, nickte ein wenig mit dem Kopf und sagte: »Die sollen dich nicht schlachten, nicht einmal wenn ich böse auf dich werde; dann werde ich es schon selber tun!« und dann trocknete sie Gerdas Augen und schob dann ihre Hände in den schönen Muff, der war so weich und so warm.

Nun hielt die Kutsche an; sie waren mitten auf dem Hof eines Räuberschlosses; das war von oben bis unten zerrissen, Raben und Krähen kamen aus den offenen Löchern geflogen, und die großen Bullenbeißer, von denen jeder aussah, als könnte er einen Menschen verschlucken, sprangen hoch empor, aber sie bellten nicht, denn das war verboten.

In dem großen, alten, rußigen Saal brannte mitten auf dem steinernen Boden ein großes Feuer; der Rauch zog unter der Decke dahin und musste selbst sehen, wo es hinausging; in einem großen Braukessel kochte Suppe, und Hasen und Kaninchen wurden am Spieß gedreht.

»Du sollst heute Nacht mit mir hier schlafen, bei all meinen kleinen Tierchen!« sagte das Räubermädchen. Sie kriegten zu essen und zu trinken und gingen dann in eine Ecke, wo Stroh und Decken lagen. Darüber saßen auf Latten und Stangen fast hundert Tauben, die alle aussahen, als ob sie schliefen, sich aber doch ein bisschen drehten, als die kleinen Mädchen kamen.

»Das sind alles meine!« sagte das kleine Räubermäd-chen und packte rasch eine der nächsten, hielt sie an den Beinen und schüttelte sie, dass sie mit den Flügeln schlug. »Küss sie!« schrie sie und klatschte sie Gerda mitten ins Gesicht. »Da sitzen die Wald-Kanaillen!« setzte sie fort und wies hinter eine Reihe von Gitterstäben, die vor ein Loch hoch oben in der Mauer geschlagen waren. »Das sind Wald-Kanaillen, die beiden! die fliegen sofort weg, wenn man sie nicht richtig eingesperrt hat; und hier steht Bäh, mein alter Liebster!« und sie zog ein Rentier an den Hörnern, das einen blanken Kupferring um den Hals trug und gefesselt war. »Ihn müssen wir genauso an der kurzen Leine halten, sonst springt er uns auch davon. Jeden Abend, immer wieder, kitzle ich ihn am Hals mit meinem scharfen Messer, davor ist er so bange!« und das kleine Mädchen zog ein langes Messer aus einem Spalt in der Mauer und ließ es über den Hals des Rentiers gleiten; das arme Tier schlug mit den Beinen aus, und das Räubermädchen lachte und zog Gerda mit sich herunter ins Bett.

»Willst du das Messer dabeihaben, wenn du schlafen sollst?« fragte Gerda und blickte es etwas bang an.

»Ich schlafe immer mit einem Messer!« sagte das kleine Räubermädchen. »Man weiß nie, was noch kommen kann. Aber erzähl mir jetzt nochmal, was du vorhin vom kleinen Kay erzählt hast und warum du in die weite Welt hinausgegangen bist.« Und Gerda erzählte von vorn, und die Waldtauben gurrten da oben in ihrem Käfig, die anderen Tauben schliefen. Das kleine Räubermädchen legte ihren Arm um Gerdas Hals, hielt das Messer in der anderen Hand und schlief, dass man es hören konnte; aber Gerda bekam überhaupt kein Auge zu, sie wusste nicht, ob sie leben oder sterben sollte. Die Räuber saßen rund ums Feuer, sangen und tranken, und das Räuberweib schlug Purzelbäume. Oh! das war ganz grausig anzusehen für das kleine Mädchen.

Da sagten die Waldtauben: »Gurre, gurre! wir haben den kleinen Kay gesehen. Ein weißes Huhn zog seinen Schlitten, er saß im Wagen der Schneekönigin, der fuhr niedrig über den Wald dahin, als wir im Nest lagen; sie blies uns Küken an, und alle sind gestorben bis auf uns beide; gurre! gurre!«

»Was sagt ihr da oben?« rief die kleine Gerda, »wo ist die Schneekönigin hingereist? Wisst ihr etwas darüber?«

»Sie ist bestimmt nach Lappland gereist, denn da ist immer Eis und Schnee! frag nur das Rentier, das da am Strick gebunden steht!«

»Da sind Eis und Schnee, das ist gesegnet und gut!« sagte das Rentier; »da springt man frei herum in den großen schimmernden Tälern! da hat die Schneekönigin ihr Sommerzelt, aber ihr festes Schloss ist oben zum Nordpol hin, auf der Insel, die Spitzbergen genannt wird!«

»O Kay, kleiner Kay!« seufzte Gerda.

»Nun musst du aber still liegen!« sagte das Räubermädchen, »sonst kriegst du das Messer in den Bauch!«

Am Morgen erzählte Gerda ihr alles, was die Waldtauben gesagt hatten, und das kleine Räubermädchen sah ganz ernst aus, aber sie nickte mit dem Kopf und sagte: »Das ist ja ganz gleich! das ist ja ganz gleich. – Weißt du, wo Lappland ist?« fragte sie das Rentier.

»Wer sollte das besser wissen als ich«, sagte das Tier, und die Augen funkelten ihm im Kopf. »Da bin ich geboren und gesäugt worden, da bin ich übers Schneefeld gesprungen!«

»Hör zu!« sagte das Räubermädchen zu Gerda, »du siehst, alle unsere Mannsleute sind weg, aber Mütterchen ist noch hier, und sie bleibt da, aber gegen Morgen trinkt sie aus der großen Flasche und gönnt sich dann ein kleines Nickerchen; – dann werde ich etwas für dich tun!« Jetzt sprang sie aus dem Bett, fuhr der Mutter um den Hals, zog sie am Schnurrbart und sagte: »na mein süßer kleiner Ziegenbock, guten Morgen!« Und die Mutter stupste ihr an die Nase, dass sie rot und blau wurde, aber das war alles nur aus reiner Liebe.

Als dann die Mutter aus der Flasche getrunken hatte und sich ein kleines Nickerchen gönnte, ging das Räubermädchen zum Rentier und sagte: »ich hätte eine sonderbare Lust, dich noch viele Male mit dem scharfen Messer zu kitzeln, denn dann wirst du so lustig, aber das ist jetzt ganz gleich, ich will deine Fessel lösen und dir nach draußen helfen, dass du nach Lappland laufen kannst, aber du sollst die Beine unter den Arm nehmen und mir dieses kleine Mädchen hier zum Schloss der Schneekönigin bringen, wo ihr kleiner Spielbruder ist. Du hast ja gehört, was sie erzählte, denn sie hat laut genug gesprochen, und du horchst doch!«

Das Rentier machte einen Luftsprung vor Freude. Das Räubermädchen hob die kleine Gerda empor und war so vorsichtig, sie festzubinden, ja ihr sogar ein kleines Kissen zu geben, auf dem sie sitzen konnte. »Das ist jetzt ganz gleich«, sagte sie, »da hast du deine zottigen Stiefel, es wird nämlich kalt, aber den Muff behalte ich, der ist doch zu niedlich! Du sollst aber trotzdem nicht frieren. Hier hast du Mutters dicke Fausthandschuhe, die gehen dir bis zum Ellenbogen, steck nur die Arme hinein! – Jetzt siehst du an den Händen aus wie meine widerliche Mutter!«

Und Gerda weinte vor Freude.

»Ich kann es nicht leiden, wenn du heulst!« sagte das kleine Räubermädchen. »Nun sollst du ganz vergnügt aussehen! und da hast du zwei Brote und einen Schinken, dann musst du nicht hungern.« Beides wurde hinten auf das Rentier gebunden; das kleine Räubermädchen öffnete die Tür, lockte alle die großen Hunde herein, und dann schnitt sie den Strick entzwei mit ihrem Messer und sagte zum Rentier: »Und nun lauf! aber pass gut auf das kleine Mädchen auf!«

Und Gerda streckte die Hände, in den dicken Fausthandschuhen, dem Räubermädchen entgegen und sagte Lebewohl, und dann flog das Rentier davon über Busch und Strauch, durch den großen Wald, über Moore und Steppen, so rasch es konnte. Die Wölfe heulten, und die

Raben schrien. »Piff! piff!« sagte es am Himmel. Es war, als hätte er rotes Blut geniest.

»Das sind meine alten Nordlichter!« sagte das Rentier, »sieh wie sie leuchten« und dann lief es noch schneller davon, Nacht und Tag; die Brote wurden aufgegessen, und der Schinken dazu, und dann waren sie in Lappland.

Sechste Geschichte
Die Lappenfrau und die Finnenfrau

Sie hielten an einem kleinen Haus; das war so kümmerlich; das Dach ging bis zur Erde, und die Tür war so niedrig, dass die ganze Familie auf dem Bauch kriechen musste, wenn sie heraus- oder hineinwollten. Es war niemand zu Hause außer einer alten Lappenfrau, die bei einer Tranlampe Fisch briet; und das Rentier erzählte Gerdas ganze Geschichte, aber seine eigene zuerst, denn es meinte, die sei noch viel wichtiger, und Gerda war so erschöpft vor Kälte, dass sie nicht reden konnte.

»Ach, ihr Ärmsten!« sagte die Lappenfrau, »da habt ihr noch weit zu laufen! Ihr müsst über hundert Meilen in die Finnmark hinein, denn dahin hat sich die Schneekönigin aufs Land zurückgezogen und zündet jeden Abend wieder ihr blaues Licht an. Ich will euch ein paar Zeilen auf einen gedörrten Klippfisch schreiben, Papier habe ich nicht, den will ich euch mitgeben für die Finnenfrau da oben, die kann euch besser Bescheid geben als ich!«

Und als Gerda sich wieder aufgewärmt und zu essen und zu trinken bekommen hatte, schrieb die Lappenfrau ein paar Zeilen auf einen gedörrten Klippfisch, bat Gerda, gut auf den achtzugeben, band sie wieder auf dem Rentier fest, und das sprang davon. »Piff! piff!« sagte es oben in der Luft, die ganze Nacht hindurch brannten die herrlichsten blauen Nordlichter; – und dann kamen sie zur Finnmark und klopften am Schornstein der Finnenfrau an, denn sie hatte nicht mal eine Tür.

Da drinnen war eine solche Hitze, dass die Finnenfrau selbst fast nackt herumlief; klein war sie und ganz verdreckt; sie band der kleinen Gerda gleich die Kleider auf, nahm ihr die Fausthandschuhe und die Stiefel ab, weil es ihr sonst zu heiß geworden wäre, legte dem Rentier ein Stück Eis auf den Kopf und las dann, was auf dem Klippfisch stand; sie las es dreimal, dann konnte sie es auswendig und steckte den Fisch in den Essenstopf, denn den konnte man noch gut essen, und sie ließ nie etwas verkommen.

Nun erzählte das Rentier zuerst seine Geschichte und dann die der kleinen Gerda, und die Finnenfrau zwinkerte mit den klugen Augen, sagte aber nichts.

»Du bist so klug«, sagte das Rentier; »ich weiß, du kannst alle Winde auf der Welt in einen Nähfaden binden; wenn der Seemann den ersten Knoten löst, bekommt er guten Wind, löst er den anderen, dann bläst eine steife Brise, und löst er den dritten und den vierten, dann stürmt es, dass die Wälder umfallen. Willst du nicht dem Mädchen einen Trank geben, dass sie so stark wird wie zwölf Mann und die Schneekönigin überwinden kann?«

»Stark wie zwölf Mann!« sagte die Finnenfrau; »o ja, das wird wohl reichen!« und dann ging sie zu einem Wandbrett hinüber, nahm eine große aufgerollte Lederhaut herunter, und die rollte sie auseinander; es standen wunderliche Buchstaben darauf, und die Finnenfrau las, bis ihr das Wasser die Stirn herunterlief.

Aber das Rentier bat wieder so inständig für die kleine Gerda, und Gerda sah mit so bittenden Augen, voller Tränen, die Finnenfrau an, dass diese wieder mit ihren zu zwinkern begann und das Rentier in eine Ecke zog, wo sie ihm zuflüsterte, während es frisches Eis auf den Kopf bekam:

»Der kleine Kay ist zwar bei der Schneekönigin und findet dort alles nach seinen Wünschen und Gedanken und meint, es sei der beste Teil der Welt, aber das kommt daher, dass er einen Glassplitter ins Herz bekommen hat und ein kleines Glaskörnchen ins Auge; die müssen zuerst heraus, sonst wird er nie zum Menschen, und die Schneekönigin behält die Macht über ihn!«

»Aber kannst du nicht der kleinen Gerda etwas eingeben, dass sie Macht über das Ganze bekommt?«

»Ich kann ihr keine größere Macht geben als die, die sie jetzt schon hat! siehst du nicht, wie groß die ist? Siehst du nicht, wie Menschen und Tiere ihr dienen müssen, wie sie auf bloßen Füßen so gut in der Welt vorangekommen ist? Sie darf von uns nichts über ihre Macht wissen, die sitzt ihr im Herzen, die sitzt darin, dass sie ein süßes unschuldiges Kind ist. Wenn sie nicht selber zur Schneekönigin hineinkommen und das Glas aus dem kleinen Kay herausbekommen kann, dann können wir auch nicht helfen! Zwei Meilen von hier beginnt der Schlossgarten der Schneekönigin, dahin kannst du das kleine Mädchen tragen; setz sie an dem großen Busch ab, der mit seinen roten Beeren im Schnee steht, halt dich nicht lange mit Papperlapapp auf und sieh zu, dass du schnell zurück bist!« Und dann hob die Finnenfrau die kleine Gerda auf das Rentier, das lief, so schnell es konnte.

»Oh, ich hab meine Stiefel nicht mit! ich hab meine Fausthandschuhe nicht mit!« rief die kleine Gerda, das spürte sie in der schneidenden Kälte, aber das Rentier durfte nicht stehenbleiben, es lief, bis es zu dem großen Busch mit den roten Beeren kam; da setzte es Gerda ab, küsste sie auf den Mund, und da liefen dem Tier große, blanke Tränen über die Wangen, und dann lief es, so schnell es konnte, wieder zurück. Da stand die kleine Gerda ohne Stiefel, ohne Handschuhe, mitten in der furchtbaren eiskalten Finnmark.

Sie lief voran, so schnell sie konnte; da kam ein ganzes Regiment von Schneeflocken; aber die fielen nicht vom Himmel, der war ganz klar und leuchtete vom Nordlicht; die Schneeflocken liefen zu ebener Erde dahin, und je näher sie kamen, umso größer wurden sie; Gerda erinnerte sich wieder, wie groß und kunstvoll sie ausgesehen hatten, damals als sie die Schneeflocken durch das Brennglas betrachtet hatte, aber hier waren sie wirklich auf ganz andere Weise groß und furchtbar, die waren lebendig, das waren die Vorposten der Schneekönigin; sie hatten die wunderlichsten Gestalten; manche sahen aus wie ekelhafte große Igel, andere wie ineinander verknäuelte Schlangen, die ihre Köpfe hervorstreckten, und andere wie kleine dicke Bären mit gesträubten Haaren, alle leuchteten weiß, alle waren sie lebendige Schneeflocken.

Da betete die kleine Gerda ihr Vaterunser, und die Kälte war so stark, dass sie ihren eigenen Atem sehen konnte; ganz wie ein Rauch stand er ihr aus dem Mund; der Atem wurde dichter und dichter und er formte sich zu kleinen hellen Engeln, die mehr und mehr wuchsen, sobald sie die Erde berührten; und alle hatten sie Helme auf dem Kopf und Speere und Schilde in den Händen; sie wurden mehr und mehr, und als Gerda ihr Vaterunser beendet hatte, war da eine ganze Legion um sie her; die hieben mit ihren Speeren in die großen Schneeflocken, dass sie in hundert Stücke zersprangen, und die kleine Gerda ging ganz sicher und keck geradeaus. Die Engel tippten ihr auf die Füße und auf die Hände, und da empfand sie weniger, wie kalt es war, und ging rasch voran zum Schloss der Schneekönigin.

Aber nun wollen wir zuerst sehen, wie es Kay ergeht. Er dachte ganz gewiss nicht an die kleine Gerda, und am allerwenigsten dachte er, dass sie draußen vor dem Schloss stand.

Siebente Geschichte
Was sich im Schloss der Schneekönigin zutrug und was seither geschah

Die Wände des Schlosses waren aus stiebendem Schnee und die Fenster und Türen aus den schneidenden Winden; da waren über hundert Säle, je nachdem wie der Schnee stob, der größte dehnte sich über viele Meilen, alle beleuchtet vom starken Nordlicht, und die waren so groß, so leer, so eisig kalt und so glänzend. Niemals gab es hier das kleinste Vergnügen, nicht einmal einen kleinen Bären-Ball, wo der Sturm zum Tanz aufblasen und die Eisbären auf den Hinterbeinen gehen und feine Manieren haben konnten; niemals eine kleine Spielgesellschaft mit Maulschellen und Lappentanz; niemals auch nur ein kleines bisschen Kaffeeklatsch der weißen Fuchs-Fräuleins; leer, groß und kalt war es in den Sälen der Schneekönigin. Die Nordlichter flackerten so genau auf, dass man mitzählen konnte, wann sie am höchsten und wann am niedrigsten Punkt angelangt waren. Mitten in dem leeren unendlichen Schneesaal gab es einen gefrorenen See; der war in tausende Stücke zersplittert, aber jedes Stück glich so akkurat dem anderen, dass es ein vollkommenes Kunststück war; und mitten darauf saß die Schneekönigin, wenn sie zu Hause war, und dann sagte sie, dass sie im Spiegel des Verstandes sitze und dass dies das einzige und das beste in dieser Welt sei.

Der kleine Kay war ganz blau vor Kälte, ja fast schwarz, aber er spürte es doch nicht, denn sie hatte ihm ja den Kälteschauder weggeküsst, und sein Herz war so gut wie ein Eisklumpen. Er ging umher und schleppte einige scharfe flache Eisstücke, die er auf alle möglichen Weisen zusammenlegte, denn er wollte etwas aus ihnen herausbekommen; es war so, wie wenn wir anderen kleine Holzplatten haben und diese zu Figuren legen, die man das chinesische Spiel nennt. Kay ging auch hin und legte Figuren, die allerkunstvollsten, das war das *Eisspiel des Verstandes*, in seinen Augen waren die Figuren ganz vorzüglich und von der allerhöchsten Wichtigkeit; das machte das Glaskörnchen, das ihm im Auge saß! er legte ganze Figuren, die ein geschriebenes Wort waren, aber niemals wollte ihm das Wort gelingen, auf das es ihm gerade ankam, das Wort: *Ewigkeit*, und die Schneekönigin hatte gesagt: »Wenn du mir diese Figur herausbekommst, dann sollst du dein eigener Herr sein, und ich schenke dir die ganze Welt und ein Paar neuer Schlittschuhe!« Aber er konnte nicht.

»Jetzt sause ich in die warmen Länder!« sagte die Schneekönigin, »ich will einen Blick in die schwarzen Kessel werfen!« – Das waren die feuerspeienden Berge, der Ätna und der Vesuv, wie man sie nennt. – »Ich werde sie etwas einweißen, das gehört dazu! das tut gut, wenn es sich auf die Zitronen und Weintrauben legt!« und dann flog die Schneekönigin, und Kay saß ganz allein in dem viele Meilen großen leeren Eissaal und sah auf die Eisstücke und dachte und dachte, dass es in ihm knackte, ganz steif und stille saß er, man hätte glauben können, er sei erfroren.

Da geschah es, dass die kleine Gerda ins Schloss ein-
trat, durch das große Tor, das waren schneidende Winde; aber sie sprach ein Abendgebet, und da legten die
Winde sich, als wollten sie schlafen, und sie trat ein in
die großen, leeren, kalten Säle – da sah sie Kay, sie erkannte ihn, sie flog ihm um den Hals, hielt ihn so fest
und rief: »Kay! süßer kleiner Kay! so hab ich dich doch
gefunden!«

Aber er saß ganz still da, steif und kalt; – da weinte die
kleine Gerda heiße Tränen, die fielen auf seine Brust, die
drangen in sein Herz ein, die tauten den Eisklumpen auf
und verzehrten den kleinen Spiegelsplitter; er sah sie an
und sie sang das Kirchenlied:

»Im Tal die Rosen blühen fort und fort,
Da kommt zu uns vom Jesuskind das Wort!«

Da brach Kay in Tränen aus; er weinte, dass das Spiegelkörnchen aus seinem Auge kullerte, er erkannte sie und
jubelte: »Gerda! süße kleine Gerda! – wo bist du denn so
lange gewesen? Und wo bin ich gewesen?« Und er sah sich
rings um. »Wie ist es hier kalt! wie ist es leer und groß!«
und er hielt sich an Gerda fest, und sie lachte und weinte
vor Freude; das war so gesegnet, dass selbst die Eisstücke
vor Freude ringsherum tanzten, und als sie müde waren
und sich niederlegten, da formten sie ebenjene Buchstaben, von denen die Schneekönigin gesagt hatte, dass er sie
herausbekommen sollte, dann wäre er sein eigener Herr,

und sie wolle ihm die ganze Welt geben und ein Paar neuer Schlittschuhe.

Und Gerda küsste seine Wangen, und sie erblühten; sie küsste seine Augen, und sie leuchteten wie ihre, sie küsste seine Hände und Füße, und er war gesund und frisch. Sollte die Schneekönigin doch nach Hause kommen: sein Freibrief stand da geschrieben mit schimmernden Eisstücken.

Und sie fassten einander bei der Hand und wanderten aus dem großen Schloss hinaus; sie sprachen von Großmutter und von den Rosen oben auf dem Dach; und wo sie gingen, lagen die Winde ganz still und die Sonne brach hervor; und als sie zu dem Busch mit den roten Beeren kamen, stand da das Rentier und wartete; das hatte ein anderes junges Ren bei sich, dessen Euter gefüllt war, und das gab den Kleinen seine warme Milch und küsste sie auf den Mund. Dann trugen sie Kay und Gerda zuerst zur Finnenfrau, wo sie sich in der heißen Stube aufwärmten und Bescheid für die Heimreise bekamen, dann zur Lappenfrau, die ihnen neue Kleider genäht und ihren Schlitten instandgesetzt hatte.

Und das Rentier und das junge Ren sprangen an ihrer Seite einher und begleiteten sie, geradewegs bis zur Landesgrenze, da lugte das erste Grün hervor, da nahmen sie Abschied vom Rentier und von der Lappenfrau. »Lebewohl!« sagten sie allesamt. Und die ersten kleinen Vögel begannen zu zwitschern, der Wald hatte grüne Knospen, und heraus aus ihm kam auf einem prächtigen Pferd, das

Gerda erkannte (es war vor die Goldkutsche gespannt gewesen), ein junges Mädchen geritten, mit leuchtend roter Kopfhaube und Pistolen vor sich; das war das kleine Räubermädchen, das es leid war, zu Hause zu bleiben, und nun zuerst Richtung Norden und dann in eine andere Gegend wollte, falls sie nicht recht vergnügt sein sollte. Sie erkannte gleich Gerda, und Gerda erkannte sie, das war eine Freude.

»Du bist ja ein feiner Knabe, so in der Welt herumzustiefeln!« sagte sie zum kleinen Kay; »ich möchte wissen, ob du es verdienst, dass man deinetwegen bis ans Ende der Welt läuft!«

Aber Gerda streichelte ihre Wangen und fragte nach Prinz und Prinzessin.

»Die sind in fremde Länder gereist!« sagte das Räubermädchen.

»Aber die Krähe?« fragte die kleine Gerda.

»Ja die Krähe ist tot!« antwortete sie. »Die zahme Geliebte ist Witwe geworden und trägt einen schwarzen Wollflicken am Bein; sie klagt jämmerlich, und das Ganze ist närrisch! – Aber jetzt erzähl mir, wie es dir ergangen ist, und wie du ihn hier zu fassen gekriegt hast!«

Und Gerda und Kay erzählten alle beide.

»Und Schnipp-schnapp-schnurre-basselurre!« sagte das Räubermädchen, nahm sie beide bei der Hand und versprach, dass sie, wenn sie einmal durch ihre Stadt käme, kommen und sie besuchen wollte, und dann ritt sie hinaus in die weite Welt, aber Kay und Gerda gingen

Hand in Hand, und wie sie gingen, war es ein wunderbarer Frühling mit Blumen und Grün; die Kirchenglocken klangen, und sie erkannten die hohen Türme, die große Stadt, das war die, in der sie wohnten, und in die gingen sie hinein und bis zu Großmutters Tür, die Treppe hinauf, in die Stube hinein, wo alles noch am selben Platz stand wie zuvor, und die Uhr sagte: »tick! tick!« und der Zeiger drehte sich; aber indem sie durch die Tür gingen, merkten sie, dass sie erwachsene Menschen geworden waren. Die Rosen aus der Dachrinne blühten zu den offenen Fenstern herein, und da standen die kleinen Kinderstühlchen, und Kay und Gerda setzten sich jeweils auf ihres und hielten einander bei der Hand, wie einen schweren Traum hatten sie die kalte leere Herrlichkeit bei der Schneekönigin vergessen. Großmutter saß in Gottes hellem Sonnenschein und las laut aus der Bibel vor: »wenn ihr nicht werdet wie die Kinder, kommt ihr nicht in Gottes Reich!«

Und Kay und Gerda sahen einander in die Augen, und da verstanden sie auf einmal das alte Kirchenlied:

»Im Tal die Rosen blühen fort und fort,
Da kommt zu uns vom Jesuskind das Wort!«

Da saßen die beiden, zwei Erwachsene und doch Kinder, Kinder im Herzen, und es war Sommer, der warme, gesegnete Sommer.

Das kleine Mädchen
mit den Schwefelhölzern

Es war so entsetzlich kalt; es schneite, und der Abend dunkelte; es war außerdem der letzte Abend im Jahr, Silvesterabend. In dieser Kälte und in dieser Dunkelheit ging auf der Straße ein kleines, armes Mädchen mit bloßem Kopf und nackten Füßen; ja sie hatte zwar Pantoffeln angehabt, als sie von zu Hause wegging; aber was konnte das helfen! das waren sehr große Pantoffeln gewesen, ihre Mutter hatte sie zuletzt benutzt, so groß waren die, und die hatte die Kleine verloren, als sie über die Straße eilte, auf der zwei Wagen so entsetzlich schnell vorüberfuhren; der eine Pantoffel war nicht wiederzufinden, und mit dem anderen lief ein Junge herum; er sagte, den könnte er als Wiege benutzen, wenn er selber Kinder kriegte.

Da ging nun das kleine Mädchen auf den nackten kleinen Füßen, die rot und blau waren vor Kälte; in einer alten Schürze trug sie eine Menge Schwefelhölzer, und ein Bund hatte sie in der Hand; niemand hatte ihr den ganzen Tag etwas abgekauft; niemand hatte ihr einen kleinen Schilling gegeben; hungrig und verfroren ging sie und sah so verschüchtert aus, das arme Ding! Die Schneeflocken fielen in ihr langes blondes Haar, das sich so hübsch im Nacken kräuselte, aber an Schönheit dachte sie wahrhaftig nicht. Aus allen Fenstern schimmerten die Kerzen, und dann roch es auf der Straße so wunderbar nach Gänsebraten; es war doch Silvesterabend, ja daran dachte sie.

Hinten in einem Winkel zwischen zwei Häusern, das eine ging etwas weiter auf die Straße hinaus als das andere, da setzte sie sich hin und kauerte sich zusammen; die kleinen Beine hatte sie unter sich hochgezogen, aber sie fror noch mehr, und nach Hause traute sie sich nicht zu gehen, sie hatte ja keine Schwefelhölzer verkauft, sie hatte nicht einen Schilling gekriegt, ihr Vater würde sie schlagen, und kalt war es auch zu Hause, sie hatten bloß das Dach direkt über sich und da pfiff der Wind herein, obwohl in die größten Risse Stroh und Lumpen gestopft waren. Ihre kleinen Hände waren beinah schon ganz tot vor Kälte. Ach! ein kleines Schwefelholz könnte gut tun. Wenn sie sich traute, nur eins aus dem Bund herauszuziehen, es an der Wand anzureißen und die Finger zu wärmen. Sie zog eins heraus, »ritsch!« wie das sprühte, wie das brannte! es war ein warmes, helles Feuer, fast wie eine kleine Kerze, als sie die Hand darum legte; das war eine wunderliche Kerze! Dem kleinen Mädchen war es, als säße sie vor einem großen Eisenofen mit blanken Messingkugeln und Messingtrommel; das Feuer brannte so gesegnet, wärmte so gut! nein, was war das! – Die Kleine streckte schon die Füße aus, um auch die zu wärmen – – da erlosch die Flamme, der Ofen verschwand –, sie saß da mit einem kleinen Stumpf von einem abgebrannten Schwefelholz in der Hand.

Ein neues wurde angerissen, das brannte, das leuchtete, und wo der Lichtschein auf die Mauer fiel, wurde sie durchsichtig, wie ein Schleier; sie sah direkt in die Stube hinein, wo der Tisch gedeckt stand mit einer schimmernden weißen Tischdecke und feinem Porzellan, und herrlich dampfte die gebratene Gans, gefüllt mit Zwetschgen und Äpfeln! und was noch prächtiger war, die Gans sprang aus der Schüssel, watschelte über den Fußboden mit Messer und Gabel im Rücken; genau auf das arme Mädchen kam sie zu; da erlosch das Schwefelholz, und es war nur die dicke, kalte Mauer zu sehen.

Sie zündete ein neues an. Da saß sie unter dem herrlichsten Weihnachtsbaum; der war noch größer und schöner geschmückt, als sie es durch die Glastür bei dem reichen Kaufmann gesehen hatte, die letzten Weihnachten; Tausende von Kerzen brannten auf den grünen Zweigen, und bunte Bilder, wie die, mit denen die Schaufenster dekoriert sind, blickten auf sie herab. Die Kleine streckte beide Hände in die Höhe – da erlosch das Schwefelholz; die vielen Weihnachtskerzen gingen höher und höher hinauf, sie sah, dass es nun die klaren Sterne waren, einer von ihnen fiel und machte einen langen Feuerstreifen am Himmel.

»Jetzt stirbt jemand!« sagte die Kleine, weil die alte Großmutter, der einzige Mensch, der gut zu ihr gewesen, nun aber tot war, gesagt hatte: wenn ein Stern fällt, geht eine Seele hinauf zu Gott.

Sie riss wieder an der Mauer ein Schwefelholz an, das leuchtete ringsum, und im Glanz stand die alte Großmutter, so klar, so schimmernd, so mild und gesegnet.

»Großmutter!« schrie die Kleine, »o nimm mich mit! ich weiß, du bist weg, wenn das Schwefelholz ausgeht; weg wie der warme Ofen, wie der herrliche Gänsebraten und der große gesegnete Weihnachtsbaum!« – und sie riss hastig alle restlichen Schwefelhölzer an, die im Bund waren, sie wollte Großmutter festhalten; und die Schwefelhölzer leuchteten mit einem solchen Glanz, dass es klarer war als am hellen Tag. Großmutter war noch niemals so schön gewesen, so groß; sie hob das kleine Mädchen auf ihren Arm empor, und sie flogen in Glanz und Glück, so hoch, so hoch; und da war keine Kälte, kein Hunger, keine Angst, – sie waren bei Gott!

Aber im Winkel an der Hauswand saß in der kalten Morgenstunde das kleine Mädchen mit roten Wangen und mit einem Lächeln um den Mund – tot, erfroren am letzten Abend des alten Jahres. Der Neujahrsmorgen ging auf über der kleinen Leiche, die da mit Schwefelhölzern saß, von denen ein Bündel fast abgebrannt war. Sie hat sich wärmen wollen! sagte man; keiner wusste, was sie Schönes gesehen hatte, in welchem Glanz sie mit der alten Großmutter eingegangen war in die Neujahrsfreude!

Die Schneekönigin

Die Wogen des Sundes
Schlafen an der gefrorenen Küste.
Esaias Tegnér

Hoch liegt der weiße Schnee auf dem Feld;
Das Fenster der Hütte allein ist erhellt,
Dort wartet das Mädchen im Lampenschein
Auf den Liebsten sein.

Nun schweiget die Mühle, und still steht das Rad.
Da kämmt sich der Knappe; hinaus auf den Pfad
Läuft er und springet, mit Hei! und Juchhe!
Durch Eis und Schnee.

Er singt um die Wette mit Wetter und Wind,
Seine Wangen von Freude gerötet sind.
Auf schwarzem Gewölk übers Feld reitet hin
Die Schneekönigin.

»Du bist mir der Schönste im Schneelicht heut Nacht;
Schon hab ich dich zu meinem Liebsten gemacht,
Komm mit mir zur schwimmenden Insel im Schnee
Über Berg und See!«

Die Schneeflocken fallen so düster und dicht.
»Dem Netz meiner Blumen entkommst du nicht!
Wo der Schnee sich türmt und zu Kissen verweht,
Das Brautbett steht!«

Nirgends ein Licht, das die Nacht erhellt;
Im Tanz wirbelt weiß der Schnee übers Feld,
Eine Sternschnuppe, sieh, durch die Wolken zischt –
Und erlischt.

Weit leuchtet die Sonne, der Schnee verweht;
Der Knappe schläft süß, wo das Brautbett steht.
Das Mädchen eilt bang auf dem Mühlenpfad,
Doch still steht das Rad.

Phantasiestück
in meiner eigenen Manier

Im Himmel sitzen die Engel klein
Wie brave Katecheten,
Sie sitzen da mit den Flügeln fein
Und blasen so artig Trompeten;
Am Abend legen sie alle beiseit,
Das sieht die Madonna gerne,
Dann spielen sie lustig für einige Zeit –
Nicht Skat, sondern Mond und Sterne.
Fällt einer hinab (was passieren kann),
Dann kommt er hier unten als Sternschnuppe an.

Im Himmel ist immer so schöne Musik,
Ohne Missklang und fast ohne Pause;
Man langweilt sich nicht einen Augenblick,
Man fühlt sich hier ganz wie zuhause.
Und manchmal fliegen ein paar aus dem Chor
Hinab in das irdische Tal
Und tragen ein schlafendes Kindlein empor
Zu Gott in den himmlischen Saal;
Oft haben sie auch einen Dichter erwählt,
Damit der dort unten vom Himmel erzählt.

Das ist eine lustige, seltsame Tour,
Hinauf über Adler und Meisen;
Die Welt ist so winzig, ein Käfig nur,
Mit Federvieh hinterm Eisen.
Die Engel singen so schön und fein,
Und Sphärenklänge ertönen;
Man fühlt sich im Himmel so klein, so klein!
Man muss sich erst eingewöhnen.
Erwachsene werden zu Kindern dann,
Wir kommen als Kinder im Himmel an.

Bilderbuch ohne Bilder:
Neunter Abend

Die Luft war wieder klar; einige Abende waren vergangen, er stand im ersten Viertel; ich bekam wieder Ideen zu einer Skizze – hört, was der Mond erzählt hat.

»Ich begleitete den Polarvogel und den schwimmenden Wal an die Ostküste Grönlands; nacktes Gebirge voller Eis und Wolken umschließen ein Tal, worin Weidensträucher und Blaubeerheide in reicher Blüte standen; die duftende Lichtnelke verbreitete süßen Duft; mein Licht war matt, meine Scheibe bleich wie ein Seerosenblatt, das wochenlang auf dem Wasser getrieben ist, losgerissen von seinem Stängel; der Nordlichtkronleuchter brannte, sein Ring war breit und seine Strahlen gingen wie wirbelnde Feuersäulen über den ganzen Himmel und flackerten grün und rot. Die Bewohner der Gegend versammelten sich zu Tanz und Vergnügen, aber keiner wunderte sich über die ihnen gewohnte Pracht: ›Lass die toten Seelen nur Ball spielen mit dem Walrosskopf!‹ dachten sie, ihrem Glauben entsprechend, und hatten nur Augen und Sinn für Gesang und Tanz. Inmitten des Kreises stand, ohne Pelz, ein Grönländer mit seiner Handtrommel und begann ei-

nen Gesang über den Seehundsfang, und der Chor antwortete mit einem ›Eia, eia, ah!‹ und sprang mit seinen
weißen Pelzen im Kreis herum, es sah aus wie ein Bären-
Ball; Augen und Kopf machten die kühnsten Bewegun-
gen. Dann begannen Recht und Urteil. Verfeindete traten
auf, und der Beleidigte ahmte improvisierend die Fehler
seines Gegners nach, keck und spottend, und alles beim
Tanz zur Trommel, der Angeklagte antwortete ebenso ge-
witzt, während die ganze Versammlung lachte und zwischen ihnen richtete. Vom Berg her donnerte es, die Glet-
scher kalbten, die großen, stürzenden Massen lösten sich
fallend in Staub auf, es war eine grönländische, herrliche
Sommernacht. Hundert Schritte entfernt, im offenen Zelt
aus Häuten, lag ein Kranker, das Leben ging noch durch
sein warmes Blut, aber sterben musste er doch, denn das
glaubte er, und das glaubten sie alle rings um ihn, darum
vernähte seine Frau schon fest den Überzug aus Seehunds-
fell um ihn, um nicht später den Toten berühren zu müssen, und sie fragte: ›willst du auf dem Berg begraben werden, im festen Schnee? Ich will den Ort schmücken mit
deinem Kajak und deinen Pfeilen! Der Angakoq soll darüber hintanzen! oder willst du versenkt werden ins Meer?‹
– ›Ins Meer!‹ flüsterte er und nickte mit schmerzlichem
Lächeln. ›Das ist ein warmes Sommerzelt!‹ sagte die Frau,
›da springen tausend lustige Seehunde herum, da schläft
das Walross zu deinen Füßen, und die Jagd ist sicher und
lustig!‹ Und die Kinder rissen heulend das ausgespannte
Fell vom Fenster, dass der Tote zum Meer gebracht werden

könnte, dem schwellenden Meer, das ihm Nahrung gab im Leben und nun Ruhe im Tod. Zum Grabmal wurden die schwimmenden Eisberge, die sich Tag und Nacht wandeln. Der Seehund schlummert auf der Eisscholle, der Sturmvogel fliegt darüber hin.«

Zu dieser Ausgabe

Textgrundlage dieser Ausgabe sind folgende Quellen:

Der Schneemann, Der Tannenbaum, Der letzte Traum der alten Eiche, Die Schneekönigin, Das kleine Mädchen mit den Schwefelhölzern, Die Schneekönigin (Gedicht):

Hans Christian Andersen: Märchen und Geschichten. Aus dem Dänischen übers., komm. und hrsg. von Heinrich Detering. Stuttgart: Reclam, 2012.

Phantasiestück in meiner eigenen Manier:

Hans Christian Andersen: Landschaft mit Poet. Gedichte. Ausgew. und aus dem Dänischen übers. von Heinrich Detering. Göttingen: Wallstein, 2005. – Abdruck mit freundlicher Genehmigung des Wallstein Verlags.

Bilderbuch ohne Bilder: Neunter Abend:

Hans Christian Andersen: Bilderbuch ohne Bilder. Gedichte in Prosa. Aus dem Dänischen übers. und komm. von Heinrich Detering. Stuttgart: Reclam, 2009.

Andersens Wintermärchen

Nachwort

Als Kinder liebten und fürchteten wir Andersens Märchen. Sie waren schöner als alles, was die Brüder Grimm aufzubieten hatten, aber sie waren, trotz ihres Humors, insgeheim auch trauriger als alles, was wir kannten. Es war ein Herzenston darin, so innig und vertraut, als spräche der Märchenerzähler aus nächster Nähe zu uns und als kenne er alles, was in uns vorging. Er erzählte von einem kleinen Jungen, dem ein Splitter des Teufelsspiegels ins Auge geflogen war und der im Eispalast der Schneekönigin lebte, oder von einer kleinen Streichholzverkäuferin, die in den Himmel schauen durfte und dabei auf einer winterlichen Straße erfor. Und er erzählte von ihnen so, als seien sie unsere Geschwister oder, wer weiß, wir selbst in verwandelter Gestalt. Er zeigte sie uns in anheimelnden Szenerien, im traulichen Gegenüber zweier kleiner Dachwohnungen, im warmen Winterpelz, im Garten oder in der weihnachtlich geschmückten Stube – und dann riss er sie aus dieser Geborgenheit heraus in Kälte, Verstummen und Elend, und jeder Schritt war wie ein Gang auf Messern.

Las man die Märchen ein zweites Mal, konnte sich herausstellen, dass schon vor der jeweiligen Katastrophe nicht alles geheuer gewesen war: dass die kleine Meerfrau in unbestimmter Sehnsucht geträumt hatte, der kleine Junge eine unheimlich böse Seite gezeigt, der brave Schneemann ein allzu warmes Herz gehabt hatte. Gegen diese Stimmungsnuancen, diese Sehnsuchts- und Albträume waren Grimms Hexen und Rumpelstilzchen trotz all ihrer Grausamkeit doch beinahe harmlos im schematischen Schwarzweiß. Andersens Märchenwelt, in der man abwechselnd lachen und weinen konnte, war in ihren unergründlichen Farbnuancen geheimnisvoll und unwiderstehlich.

»Und es war kalt in dem silbernen Kerzensaal, wie in dem der Schneekönigin, wo die Herzen der Kinder erstarren.« – So steht es in Thomas Manns Märchenroman *Königliche Hoheit* von 1909. Das Motiv der erstarrenden, lieblosen Kälte, das im Werk des Lübecker Andersen-Lesers und -Liebhabers immer wiederkehrt, bestimmt hier schon das Leben der Kinder; der Umstand, dass sie »Erwählte« sind in ihrer aristokratischen Bevorzugung, vermag sie nicht zu wärmen. Kay und Gerda aber, die beiden kindlichen Helden der *Schneekönigin* in den engen Dachstuben ihrer armseligen Herkunft, haben einander lieb, als seien sie Bruder und Schwester. Es ist diese einfache, ursprüngliche Verbundenheit, die sie auch im Winter wärmt – getreu dem Bibelwort, dass zwei, die einander warmhalten, nicht frieren können – und die dann vom lieblos-kalten Teufelsblick zerstört wird. Gegen die Kälte, die er ins Herz fallen lässt, hilft weder die kalte Pracht des Eispalastes noch die philosophische Tüftelei, die nicht einmal die Buchstaben des Wortes »Ewigkeit« zu ordnen vermag. Gegen sie helfen allein die Tränen, die am Ende den Teufelssplitter aus den Augen spülen. Es sind Tränen der Rührung und Dankbarkeit, vielleicht auch der Reue, und schließlich Tränen des Glücks.

Nicht zufällig hat Andersen, der in Briefen von seiner »halben Fraulichkeit« spricht und sich in seinen Märchen und Romanen fast immer in weibliche Protagonistinnen hineinphantasiert, den lieblos kalten Verstand und das liebende Herz auf die Geschlechter verteilt. Der heranwachsende Junge, der sich als dominanter Mann gebärden will, scheitert und bleibt stecken in der Gefühlskälte seines Männlichkeitswahns; die schwesterliche Freundin, die ihn liebt, hilft ihm am Ende, sich frei zu weinen.

Die Geschichte wiederholt dabei keineswegs schlichte Klischees. Vielmehr ändert sich mit jedem neuen Abenteuer, das Gerda zu bestehen hat, das Bild ihrer Mädchen-Weiblichkeit. Sie, die aus Liebe auf sich nimmt, was eigentlich über ihre Kräfte gehen müsste, wandelt sich (denn Andersens Märchenfiguren vermögen sich zu entwickeln, im Gegensatz zu den Grimm'schen) zu einer willensstarken, tatkräftigen Person, die Vernunft und Gefühl zielsicher zusammenbringt und die ihr Selbstvertrauen aus der Solidarität gewinnt, die ihr von allen Seiten entgegenkommt und sie lehrt, eine Mitseiende unter Mitseienden zu werden. So überwindet sie mit allen märchenhaften Hindernissen nebenbei auch die Geschlechterstereotypen ihrer Zeit, so befreit sie den erstarrten Jungmann aus seinem Eisgefängnis, und so haben sich mit dem letzten Satz dieses langen Märchens zwei Pubertäts-, zwei Entwicklungsgeschichten vollendet: Aus den Märchenkindern sind Erwachsene geworden, die gemeinsam ihr Leben bestehen können.

Die Schneekönigin ist eines der Andersen-Märchen, in denen die Anlage zu einem Roman erkennbar wird. Jedes Kapitel, ja jedes einzelne Motiv – angefangen mit den aus germanisch-heidnischer Vorzeit herübergeflogenen Schnee-Bienen – speist sich darin aus eigenen Überlieferungen von Märchen und Legenden, Sprichwörtern und Zauberformeln. Und sie alle bilden doch eine einfache, einprägsame Geschichte. Das gleichnamige Gedicht zeigt, wie Andersen aus demselben Stoff eine traditionelle, romantische Schauerballade gestalten konnte.

Ganz anders verfährt er mit dem *Schneemann* und seinem Verwandten in der Wohnstube, dem *Tannenbaum*. Winterbräuche und Weihnachtsfest, auf die sie verweisen, sind in der Entstehungszeit der Märchen noch vergleichsweise junge Zutaten einer bürgerlichen Gefühlskultur, die das christliche Erlösungsfest mit weltlicheren Feiern einer dekorativen Empfindsamkeit ausstattet. Aber so wie Andersen in der *Schneekönigin* die sentimentalisierende Verklärung von Kindheit und Kindlichkeit resolut aufgibt, so verwandelt er Schneemann und Tannenbaum aus der Weihnachtsidylle in Sinnbilder einer einerseits verfehlten, andererseits doch mit Würde bestandenen Existenz.

Zumindest auf die Geschichte vom Tannenbaum passt dieses Wort genauer, als man ihr ansieht. Søren Kierkegaard, Andersens Kopenhagener Zeitgenosse und schärfster Kritiker, hatte gerade mit der Ausarbeitung einer Philosophie begonnen, die später den Namen »Existenzialismus« tragen sollte, als Andersen in dieser Geschichte buchstäblich von Sein und Zeit erzählte: von einem Leben, das sich in der ungeduldigen Erwartung des jeweils Kommenden erschöpft und dabei die Gegenwart immer verliert – bis am Ende seiner tragikomisch erzählten Krankheit zum Tode tatsächlich der Tod es ist, der in der rauschhaften Euphorie des Feuers eine Art Erlösung bedeutet. Immerhin das Erzählen der eigenen Geschichte vor den mit nachlassender Neugier lauschenden Mäusen, mit dem das Märchen unauffällig zur autobiographisch getönten Künstlergeschichte wird, schafft für einen Augenblick Ruhe und Gemeinschaft inmitten der reißenden Zeit.

Wie der Tannenbaum aus dem Wald seiner Kindheit herausgerissen ist in die Menschenwelt, so fällt der Schneemann, der in seinem Inneren einen Ofenschaber trägt, aus der Reihe der ordentlichen Schneemänner heraus: Er hat mit dieser Erinnerung an eine ihm eigentlich fremde Wärme die Liebe im Leibe. So entschieden er darum auch seinen Satz sagt: »Kälte ist herrlich!«, so heimlich verzehrt er sich doch in einer Sehnsucht, deren Erfüllung sein Abschmelzen bedeuten würde (und deren Spuren erst bei seinem Verschwinden sichtbar werden).

Nicht nur gender-psychologisch wie in der *Schneekönigin* oder existenzialphilosophisch wie in *Schneemann* und *Tannenbaum* konnte Andersen die einfachen und triftigen Bilder von Winterkälte und Weihnachtshoffnung gestalten, sondern auch handfest sozialkritisch. Den *Christmas Carols* und Großstadtromanen seines Freundes und Vorbildes Charles Dickens folgt er in der Geschichte vom *Kleinen Mädchen mit den Schwefelhölzern*. Keine Märchen und Mythen, keine zeitgenössischen Weihnachtsidyllen dienten ihm hier als Anregung und Material, sondern ein Zeitungsbild aus der Wirklichkeit einer Metropole, die London oder Kopenhagen heißen könnte. Wie in Andersens frühem Gedicht *Das sterbende Kind* (1827), so bleibt auch hier in der Schwebe, ob wir den Halluzinationen eines sterbenden Gehirns folgen, das sich aus der unerträglichen Wirklichkeit einer sehr realen Verelendung hinausphantasiert, oder ob sich doch eine wunderbare Offenbarung ereignet, die den Blick in eine bessere Welt öffnet und um derentwillen man wieder zum Kind werden müsste – so wie Andersen es im *Phantasiestück in meiner eigenen Manier* behauptet hatte: »Wir kommen als Kinder im Himmel an.«

Es ist dieser Himmel, den der alte Eichenbaum im – abermals rauschhaft verklärten – Sterben als wunderbare Wiederbringung aller Verlorenen erlebt, der dem dürr gewordenen Tannenbaum im prasselnden Feuer begegnet und dem Schneemann im Schmelzen und den der sterbende Grönländer im *Bilderbuch ohne Bilder* in der Tiefe des Eismeers findet. So wie in diesem letzten und kürzesten Text unserer Sammlung könnte er ein Himmel nicht erst in einer jenseitigen Welt, sondern schon auf Erden sein: in einer Gemeinsamkeit der Lebenden, wie der Grönländer sie unter den Tieren im Meer erwartet, wie die alte Eiche sie in der aller Schwerkraft spottenden Aufwärtsbewegung der Erlösung erlebt und wie sie der durch Eiswüsten wandernden Gerda in der Solidarität von Menschen und Tieren widerfährt. Eine Gemeinsamkeit, die in der Liebe zwischen Gerda und Kay ihr Ziel findet, weil diese Erwachsenen ihre Kindheit nicht vergessen. Eine Gemeinsamkeit, die jeder Kälte widersteht und der am Ende nicht einmal der Tod etwas anhaben kann. Ja, es gibt Grund genug, diese Andersen-Märchen zu fürchten. Und noch mehr Grund, sie zu lieben.

Zeittafel

1805	Am 2. April Geburt in Odense in ärmlichsten Verhältnissen.
1819	Übersiedlung ›auf gut Glück‹ nach Kopenhagen.
1820	Gesangs- und Ballettausbildung.
1822	Literarisches Debüt (unter Pseudonym).
1822–28	Höhere Schulausbildung durch Förderung von Gönnern.
1827	Erste Gedichtveröffentlichung (*Das sterbende Kind*).
1829	Erstes Buch unter eigenem Namen, eine satirische Reiseschilderung.
1831	Erste Reise nach Deutschland. Im Laufe seines Lebens unternimmt Andersen ausgedehnte Reisen durch Dänemark, Deutschland, Europa (Italien, Österreich, Schweiz, Schweden, Norwegen, England, Schottland, Frankreich, Spanien, Portugal, Balkan und Griechenland) und darüber hinaus (Konstantinopel, Marokko). Seine Reisebücher bilden einen wichtigen Teil seines Werks.
1835	Der Künstlerroman *Der Improvisator* und die ersten Märchen. Andersen ist zunächst als Ro-

manautor, dann erst für seine *Märchen und Ge-schichten* bekannt. Er schreibt lebenslang auch Gedichte, Dramen, Libretti. Sein letzter Roman erscheint 1870, sein letztes Märchen 1872.

1839 *Bilderbuch ohne Bilder*, ein Zyklus von Prosa-gedichten, eines der erfolgreichsten Genre-Ex-perimente in Andersens Werk.

1875 Andersen stirbt am 4. August als weltweit gefei-erter Märchendichter, Romancier und Reiseau-tor in Kopenhagen. Noch auf dem Sterbebett diktiert er die letzten Seiten seines von Jugend an geführten Tagebuchs.

Inhalt

RECLAM TASCHENBUCH Nr. 20727
2012, 2023 Philipp Reclam jun. Verlag GmbH,
Siemensstraße 32, 71254 Ditzingen
Umschlaggestaltung: Philipp Reclam jun. Verlag GmbH
Umschlagabbildung: © Gutentag-Hamburg
Umschlagmaterial: PEYVIDA puro 270 g/m², peyer graphic gmbh
Druck und Bindung: GGP Media GmbH,
Karl-Marx-Straße 24, 07381 Pößneck
Printed in Germany 2023
RECLAM ist eine eingetragene Marke der
Philipp Reclam jun. GmbH & Co. KG, Stuttgart
ISBN 978-3-15-020727-7

Auch als E-Book erhältlich

www.reclam.de